XINXING ZIXUN GUWEN MOSHIXIADE
GONGCHENG ZIXUN XIANGMU GUANLI

新型咨询顾问模式下的工程咨询项目管理

黄铭丰 编著

同济大学出版社
TONGJI UNIVERSITY PRESS

内 容 提 要

本书引入工程咨询顾问这一新型咨询管理模式,该模式将工程项目管理和工程咨询管理相结合,采用顾问形式辅助大型集团总部和各建设子公司的管理。本书从咨询顾问的工作内容、工作协同、引入方式、考核、取费模式等多个方面,对此新型咨询顾问模式进行了较为系统的阐述,希望能对广大工程项目管理单位、咨询单位、设计单位等相关人员有所帮助。

本书可供土木工程及相关专业的师生及工程技术人员参考。

图书在版编目(CIP)数据

新型咨询顾问模式下的工程咨询项目管理 / 黄铭丰编著. -- 上海：同济大学出版社,2020.9
 ISBN 978-7-5608-9458-4

Ⅰ.①新… Ⅱ.①黄… Ⅲ.①建筑工程-咨询业-企业管理-项目管理 Ⅳ.①F407.96

中国版本图书馆 CIP 数据核字(2020)第 167486 号

新型咨询顾问模式下的工程咨询项目管理
黄铭丰　编著

责任编辑　马继兰　　**责任校对**　徐春莲　　**封面设计**　陈益平

出版发行	同济大学出版社　　www.tongjipress.com.cn
	(地址:上海市四平路1239号　邮编:200092　电话:021-65985622)
经　　销	全国各地新华书店
印　　刷	江苏凤凰数码印务有限公司
开　　本	787 mm×1092 mm　1/16
印　　张	12.25
字　　数	300 000
版　　次	2020年9月第1版　2020年9月第1次印刷
书　　号	ISBN 978-7-5608-9458-4
定　　价	72.00元

本书若有印装质量问题,请向本社发行部调换　　版权所有　侵权必究

前 言

本书在现有大型项目开发集团建设管理模式基础上,探索工程咨询顾问辅助集团总部和各建设子公司的工程咨询顾问新模式。

全书以大型项目开发集团及其子公司需求为导向,从业务梳理—业务划分—业务运作—业务评价的分析闭环,探索集团和子公司与咨询顾问业务协同模式和咨询顾问组织架构。具体内容包括:与咨询顾问业务协同相关的研究报告、论文文献、案例等资料的整理分析;通过专题走访相关部门、现场调研等多种方式进行资料收集;与对标对象进行横向、纵向比较,为提出可行性对策和建议提供依据;邀请专业领域专家研讨并听取相关人士的反馈意见。基于上述大量研究工作,最终形成本书。

本书共 10 章内容,旨在结合某些大型项目开发集团实际情况及特点,通过对工程项目管理类型、工程项目建设全生命周期流程的梳理,对工程咨询行业发展现状、考核付费等机制的分析,提出工程咨询顾问在某些片区开发中实地应用的研究结果和应用建议,以期能为"一带一路"倡议这一宏伟目标的实施提供借鉴。

由于每个大型建设开发项目的特殊性,以及工程咨询行业发展的前沿性,书中如有不当之处,请相关专家和读者给予批评指正。

编者

2020 年 8 月

目 录

前言

第一篇 工程项目管理及咨询模式现状

第1章 工程项目管理模式 — 003
1.1 工程项目管理的概念和特征 — 003
1.2 工程项目管理的类型 — 004
  1.2.1 业主方的项目管理 — 004
  1.2.2 咨询监理方的项目管理 — 005
  1.2.3 承包商的项目管理 — 006
  1.2.4 银行对工程项目的管理 — 008
  1.2.5 政府对工程项目的管理 — 008
1.3 工程项目管理模式 — 009
  1.3.1 工程建设管理的基本制度 — 009
  1.3.2 工程项目管理相关方组织关系的基本形式 — 011
  1.3.3 不同发承包关系的组织模式 — 011
1.4 国内外工程项目管理的其他模式 — 013
1.5 不同工程管理模式的社会化程度和特点 — 017

第2章 工程咨询模式研究 — 019
2.1 工程咨询 — 019
  2.1.1 工程咨询定义 — 019
  2.1.2 工程咨询业务专业划分 — 019
  2.1.3 工程咨询服务范围 — 020
  2.1.4 咨询工程师 — 020
2.2 工程咨询行业概况 — 021
  2.2.1 工程咨询发展阶段 — 021
  2.2.2 工程咨询行业现状 — 022
  2.2.3 工程咨询行业发展趋势 — 023

		2.2.4 工程咨询核心竞争要素	024
2.3	工程咨询模式		025
	2.3.1	全过程工程咨询模式	025
	2.3.2	建筑师负责制模式	027
2.4	工程咨询公司模式研究		029
	2.4.1	"去施工化的国际工程服务商"模式	029
	2.4.2	"产业链延伸"模式	030
	2.4.3	"类加盟"模式	030

第3章 项目背景及咨询顾问模式所解决的问题 ······ 031

- 3.1 项目背景 ······ 031
- 3.2 面临的主要问题 ······ 031
- 3.3 问题剖析 ······ 031

第二篇 咨询顾问的业务协同

第4章 工程建设流程 ······ 035

- 4.1 前期阶段 ······ 035
  - 4.1.1 项目建议书 ······ 035
  - 4.1.2 办理《建设工程选址意见书》 ······ 035
  - 4.1.3 建设用地预审预报 ······ 037
  - 4.1.4 环境影响评价文件报审 ······ 037
  - 4.1.5 建设场地地震安全性评价 ······ 037
  - 4.1.6 可行性研究报告 ······ 038
  - 4.1.7 项目审请报告核准 ······ 039
  - 4.1.8 立项 ······ 040
- 4.2 手续办理阶段 ······ 040
  - 4.2.1 办理报建备案手续(由发改委实施) ······ 040
  - 4.2.2 办理《建设用地规划许可证》 ······ 041
  - 4.2.3 申请土地开发使用权 ······ 041
  - 4.2.3 拆迁、安置(各级政府拆迁主管部门实施) ······ 043
  - 4.2.4 报审《建设工程规划设计方案》 ······ 043
  - 4.2.5 初步设计审批 ······ 045
  - 4.2.6 项目初步设计概算审批(由建委实施) ······ 047
  - 4.2.7 施工图设计审批 ······ 047

		4.2.8 建设单位招投标	048

　　4.2.8　建设单位招投标 …………………………………………………… 048
　　4.2.9　办理质量监督及安全监督 …………………………………………… 049
　　4.2.10　办理建筑工程施工许可证 …………………………………………… 050
　　4.2.11　报送开工报告暨年投资计划申请文件 …………………………… 050
4.3　施工前的准备阶段 …………………………………………………………… 051
　　4.3.1　建设单位项目部的组建 …………………………………………… 051
　　4.3.2　施工现场准备 ……………………………………………………… 051
　　4.3.3　办理开工前各项审批手续 ………………………………………… 052
　　4.3.4　主持图纸会审与答疑 ……………………………………………… 052
　　4.3.5　总体施工组织设计审批 …………………………………………… 052
　　4.3.6　测量与交桩 ………………………………………………………… 052
　　4.3.7　管线交底 …………………………………………………………… 053
4.4　工程建设项目组织施工的管理 ……………………………………………… 053
　　4.4.1　工程建设项目的进度控制 ………………………………………… 053
　　4.4.2　工程建设项目的投资控制 ………………………………………… 054
　　4.4.3　工程建设项目的质量控制 ………………………………………… 054
4.5　工程竣工验收备案与保修阶段 ……………………………………………… 054
　　4.5.1　竣工验收及备案 …………………………………………………… 054
　　4.5.2　市政设施移交 ……………………………………………………… 056
　　4.5.3　工程保修 …………………………………………………………… 057

第5章　业务协同模式分析 ……………………………………………………… 058
5.1　工程管理流程 ………………………………………………………………… 058
　　5.1.1　投资控制 …………………………………………………………… 058
　　5.1.2　进度控制 …………………………………………………………… 061
　　5.1.3　质量控制 …………………………………………………………… 069
　　5.1.4　安全管理 …………………………………………………………… 076
　　5.1.5　合同管理 …………………………………………………………… 078
　　5.1.6　信息管理 …………………………………………………………… 082
　　5.1.7　组织协调 …………………………………………………………… 085
　　5.1.8　风险管理 …………………………………………………………… 088
5.2　工程咨询角色分析 …………………………………………………………… 094
　　5.2.1　提供信息 …………………………………………………………… 095
　　5.2.2　决策建议 …………………………………………………………… 095

5.2.3　计划 ··· 096
　　5.2.4　业务执行 ··· 098
　　5.2.5　过程监控 ··· 098
　　5.2.6　决策 ··· 099
　　5.2.7　协调 ··· 100
　　5.2.8　预算控制 ··· 101

第6章　咨询顾问与甲方业务协同 ·· 103
6.1　咨询顾问的管理职能 ·· 103
6.2　"管理职能矩阵要素分析表"编制说明 ······································· 104
　　6.2.1　横轴说明 ··· 104
　　6.2.2　纵轴说明 ··· 105
　　6.2.3　管理职能矩阵要素分析表 ·· 106

第三篇　咨询顾问的引入、考核与付费

第7章　咨询顾问引入方式 ·· 119
7.1　招标方式比较 ·· 119
　　7.1.1　公开招标 ··· 120
　　7.1.2　邀请招标 ··· 120
　　7.1.3　议标 ··· 121
　　7.1.4　单一来源采购 ··· 121
7.2　引入模式选择 ·· 122

第8章　咨询顾问绩效考核 ·· 123
8.1　绩效考核基本理论 ·· 123
　　8.1.1　绩效的特性 ··· 123
　　8.1.2　绩效考核的原则 ··· 123
　　8.1.3　常用绩效评估方法 ··· 124
8.2　工程咨询绩效考核特点 ·· 127
　　8.2.1　业务弹性大 ··· 127
　　8.2.2　任务性、牵涉性广 ··· 127
　　8.2.3　提供信息、分析服务 ··· 127
　　8.2.4　员工知识性突出 ··· 127
8.3　绩效考核模式的选择 ·· 127

第9章 咨询顾问付费模式 129

9.1 付费的基本原则 129
9.2 常见的付费模式 129
9.2.1 人月费单价法 129
9.2.2 按日计费法 130
9.2.3 成本加固定酬金法 131
9.2.4 总价法 131
9.2.5 工程造价百分比法 131
9.2.6 顾问费法 131
9.3 付费模式选择 132
9.3.1 建议方案甲 132
9.3.2 建议方案乙 132
9.3.3 建议方案丙 132
9.4 建议方案算例分析 133

第四篇 咨询顾问管理模式建议与总结

第10章 项目管理建议与总结 139

10.1 多项目协同管理 139
10.1.1 多项目协同机理 139
10.1.2 多项目协同模型 140
10.1.3 EPC多方协同项目管理平台 142
10.2 工程管理流程优化 143
10.2.1 流程优化的概念 143
10.2.2 流程优化路径 144
10.2.3 流程优化方法 145
10.2.4 工程管理过程中存在的问题 146
10.2.5 工程管理过程中流程优化方案的探索 147
10.3 建设项目后评估 148
10.3.1 项目后评估的目的 148
10.3.2 项目后评估的任务 148
10.3.3 项目后评估的原则 148
10.3.4 项目后评估的作用 150
10.3.5 项目后评估的内容 150

10.3.6　项目后评估工作的组织实施 151
10.3.7　项目后评估的工作程序 152

10.4　本书研究创新模式总结 154

10.4.1　咨询顾问与各业务板块的协同 154
10.4.2　咨询顾问的引入模式 154
10.4.3　咨询顾问的考核方式 154
10.4.4　咨询顾问的付费模式 154

附　录

附录A　工程咨询行业管理办法 157
附录B　关于推进全过程工程咨询服务发展的指导意见（征求意见稿） 163
附录C　建设工程咨询服务合同示范文本 168

参考文献

183

第一篇

工程项目管理及咨询模式现状

> 通过调研国内外全类型工程项目管理模式及各类工程咨询模式完成了本篇。本篇第 1 章分析了工程项目管理的模式、类型,第 2 章分析研究了工程咨询行业和工程咨询模式,第 3 章提出了关于引入工程咨询顾问的研究目的与研究内容,为后续篇章的阐述做好铺垫。

第1章　工程项目管理模式

1.1　工程项目管理的概念和特征

1. 工程项目管理的概念

工程项目管理是以工程项目为对象，在有限的资源约束条件下，最优地实现工程项目目标，达到规定的工程质量标准。根据工程项目建设的内在规律性，运用现代管理理论和方法，对工程项目从策划决策到竣工交付使用全过程进行计划、组织、协调和控制等系统化管理。建设工程项目管理指组织运用系统的观点、理论和方法，对建设工程项目进行的计划、组织、指挥、协调和控制等活动。

2. 工程项目管理的特征

（1）工程项目管理具有复杂性。工程项目投资规模一般较大，项目组成复杂，建设周期长、阶段多，工程项目生产工艺技术和建造技术具有专业特殊性，决定了项目管理工作内容的复杂性。

（2）工程项目管理主体具有多元性。工程项目建设过程涉及建设单位、监理单位、设计单位、施工单位、材料设备供应商、投资者及其他相关责任者等。他们站在各自立场上，出于自身目的对同一项目进行管理，既有冲突又有统一，增加了项目协调和沟通的难度。

（3）工程项目管理具有科学性。系统理论是现代项目管理的指导思想和理论基础，计算机技术、信息论、控制论等现代化技术是工程项目管理的主要手段和方法。

（4）目标管理是工程项目管理的核心。工程项目管理的基本目标就是有效利用现有资源，在确保工程质量标准的前提下，用尽可能少的费用和尽可能快的速度建成项目，实现项目的预定功能。因此，工程项目管理目标可概括为质量、费用和工期三大目标，它们是实现项目"功能"目标的基础和保证。项目的三大目标互相联系、互相影响，某一目标的变化必然引起其他目标的变化。工程项目管理的核心内容是工程项目目标管理。

（5）合同管理是工程项目管理的纽带。工程项目建设参与者众多，他们的目的既对立又统一，为实现项目总目标，各主体及当事人都通过签订合同来明确所承担的责任和履行的义务。严格履行合同是确保项目顺利实施的主要措施之一。

（6）社会经济环境是工程项目管理的组织保证。社会制度、经济环境、法律法规体系等决定了工程项目的管理模式、程序及制度，对项目管理效率有着直接的影响。

工程项目管理的宗旨是"以项目为主线，以合同为纽带，以目标管理为核心，以制度创新为保证，顺利实现项目目标"。

1.2 工程项目管理的类型

从不同角度可将工程项目管理分为不同的类型，通常按照管理主体不同进行分类。从管理主体看，大致有以下几种工程项目管理类型。

1.2.1 业主方的项目管理

1. 业主方项目管理的概念和目的

项目业主是指项目在法律意义上的所有人，是由各投资主体依照一定法律关系组成的项目法人。1996年颁布的《关于实行建设项目法人责任制的暂行规定》规定项目实行项目法人责任制。业主方的项目管理是指由项目业主或委托人对项目建设全过程进行的监督与管理。业主对项目管理的根本目的是实现投资者的投资目标，保证工程建成后在项目功能与质量上达到设计标准和使用要求，并且要将工程投资控制在预定的范围内。

2. 业主方项目管理的组织形式和任务

按项目法人责任制的规定，项目建议书被批准后，由投资方派代表组建项目法人筹备组，具体负责项目法人的筹建工作，待项目可行性研究报告批准后，正式成立项目法人，由项目法人对项目的策划、资金筹措、建设实施、生产经营、债务偿还、资产的保值增值，实行全过程负责；依照国家有关规定对项目的建设资金、建设工期、工程质量、生产安全等进行严格管理。项目法人可聘任项目总经理，由项目总经理组织编制项目初步设计文件；组织设计、施工、材料设备采购的招标工作；组织工程建设实施；负责控制工程投资、工期和质量。项目总经理可由项目董事会成员兼任或由董事会聘任。项目总经理及其管理班子具有丰富的项目管理经验，具备承担任职工作的条件，从性质上讲是代替项目法人，行使项目管理职权。

3. 业主方项目管理的特点

业主对工程项目管理的特点主要有：业主对工程项目的管理表现了各投资方对项目的要求；业主是工程项目进行全面管理的中心；从管理方式上看，业主对工程项目管理大都采用间接方式。

4. 业主方项目管理的主要工作任务(表 1-1)

表 1-1　业主方项目管理的主要工作任务

项目阶段	工作任务
项目决策阶段	(1) 对投资方向和内容作初步构想 (2) 选择专业咨询机构,组织编制项目建议书和可行性研究报告 (3) 办理项目建议书和可行性研究报告的审批工作,并落实项目建设相关条件
项目准备阶段	(1) 取得项目选址、资源利用、环境保护等方面的批准文件,以及原料、燃料、水、电、运输等方面的协议文件 (2) 明确勘察设计的范围和设计深度,选择勘察设计单位进行勘察、设计工作 (3) 及时办理有关设计文件的审批工作 (4) 组织落实项目建设用地,办理土地征用、拆迁补偿及施工场地的平整等工作 (5) 聘请监理咨询机构,组织开展设备采购、工程施工招标及评标等工作
项目实施阶段	(1) 需有业主办理的项目有关批准手续,如施工许可证等 (2) 解决施工所需的水、电、道路等必备条件 (3) 向承包方提供施工场地的工程地质和地下管线等资料,协调处理施工现场周围地下管线和邻近建筑物、构筑物,以及有关文物、古树等的保护工作,并承担相应费用 (4) 协调设计、施工、监理等方面的关系,组织进行图纸会审和设计交底 (5) 确定水准点和坐标控制点,以书面形式交给承包方,并进行现场交验 (6) 督促检查合同执行情况,按合同规定及时支付各项款项
竣工验收阶段	(1) 组织进行联合试车 (2) 组织有关方面进行竣工验收,办理工程移交手续

1.2.2　咨询监理方的项目管理

咨询监理方对项目的管理是指咨询监理工程师接受业主的委托,为保证项目的顺利实施,按照委托的工作内容,以执业标准和国家法律法规为尺度,对项目进行有效组织、监督、协调、控制、检查与指导。

1. 咨询监理工程师对工程项目管理的目的

(1) 保障委托方实现其对工程项目的预期目标。

(2) 按合同规定取得合法收入。

2. 咨询监理工程师对工程项目管理的特点

(1) 咨询监理工程师的工作具有较强的科学性和知识性,属智力服务性工作。

(2) 咨询监理工程师的管理内容视委托合同而定。

(3) 不直接从事工程项目实体的建设。

(4)职业的规范性。

(5)服务的有偿性。

3. 咨询监理工程师项目管理的主要任务

根据委托,咨询监理工程师对工程项目的管理可以是项目某一个阶段或项目建设全过程的管理工作。咨询监理方项目管理的主要任务如表 1-2 所示。

表 1-2 咨询监理方项目管理的主要任务

项目阶段	工作任务
项目决策阶段	根据国家宏观政策与发展规划,结合市场调查分析,提出项目的建设内容、产品方案、工艺技术方案、建设方案、厂址布置、环境保护方案等
	在项目相关方案研究的基础上,根据有关要求,对项目的融资方案、投资估算,以及财务、风险、社会及国民经济等方面的评价,完成相应报告
	按委托方及有关项目审批方的要求,对项目的可行性研究报告进行评估论证
项目准备阶段	根据委托,协助完成项目的有关报批工作
	受业主委托进行项目勘察设计招标和监理工作
	按业主委托要求完成项目进度安排、融资方案落实及相应协议的起草工作
	协助业主完成或接受业主委托进行设备采购、施工招标工作
	协助业主完成项目有关设计文件及项目开工等报批工作
	按业主要求,向施工单位进行设计图纸的技术交底工作
	按业主要求和国家有关规定,做好项目设计内容的调整与修改工作
	业主委托的其他工作,如征地、周边关系的协调等
项目实施阶段	根据委托和授权,对项目施工过程进行监督管理,并对有关问题进行妥善处理
	及时向业主报告有关项目进度、质量和费用等方面的情况
	为项目投产后的运营做好人员培训、操作规程和规章制度建立等准备工作
项目竣工验收和总结评价阶段	协助业主做好项目的竣工验收和试生产工作
	开展项目的后评估工作
	业主委托的其他工作

1.2.3 承包商的项目管理

1. 承包商项目管理的目的

承包商分为设计承包商、施工承包商等。承包商对工程项目的管理是指承包商为完成合同约定的任务,在项目建设的相应阶段对项目有关活动进行计划、组织、协调、控制的过程。承包商对工程项目管理的目的主要在项目建设与设备制造过程中实现其相应的收益。

(1) 保证承包的工程项目或设备制造达到合同规定的要求。

(2) 追求利润的最大化,承包商在完成合同规定的任务后,有权取得相应的报酬。

2. 承包商项目管理的特点

(1) 承包商项目管理直接作用于工程项目实体。承包商管理的对象是项目的组成部分或该部分的劳动者、原材料和设备等。

(2) 以承包合同为基本要求。承包商在实施管理的过程中,对项目的管理与控制完全以合同规定的内容为依据。

3. 承包商项目管理的主要任务

作为承包方,采用的承包方式不同,项目管理的任务也不同。

(1) 工程总承包方项目管理的主要任务。在设计施工总承包的情况下,业主在项目决策之后,通过招标择优选定总承包单位,全面负责工程项目的实施过程,直至最终交付使用功能和质量符合合同文件规定的工程标。因此,总承包方的项目管理是贯穿于项目实施过程的全面管理,既包括设计阶段,也包括施工安装阶段。其性质和目的是全面履行工程总承包合同,实现企业的经营方针和目标。显然,总承包方必须在合同条件约束下,依靠自身的技术和管理优势,通过优化设计和施工方案,在规定的时间内,保质保量地全面完成工程项目的承建任务。

(2) 设计方项目管理的主要任务。设计单位受业主委托承担工程项目的设计任务,以设计合同规定的工作目标及其责任义务作为设计管理的对象、内容和条件,通常简称设计项目管理。设计单位只有以设计合同为依据,依靠项目管理才能贯彻业主的建设意图和实现设计阶段的投资、质量和进度控制目标。

(3) 施工方项目管理的主要任务。施工企业为履行工程承包合同和落实企业生产经营方针目标,依靠企业技术和管理的综合实力,对工程施工过程进行计划、组织、指挥、协调和控制的系统管理活动,简称施工项目管理。项目管理的主要任务是:

① 制订施工项目管理规划,经监理工程师审定后组织实施;

② 按施工规划组织施工,认真组织好人力、机械、材料等资源的投入;

③ 按施工合同要求在工程质量、成本、进度方面进行过程控制;

④ 遵守有关部门对施工场地交通、施工噪声和环境保护等方面的管理规定;

⑤ 做好施工现场地下管线和邻近建筑物及有关文物等的保护工作;

⑥ 保证施工现场清洁,使之符合环境卫生管理的有关规定;

⑦ 按规定程序及时主动提供业主和监理工程师需要的各种统计数据报表;

⑧ 及时向委托方提交竣工验收申请报告，对验收中发现的问题及时进行改进；

⑨ 负责已完工程的保护工作；

⑩ 向委托方及时完整地移交有关工程资料档案。

1.2.4 银行对工程项目的管理

1. 银行对工程项目管理的目的

为项目提供资金贷款的金融机构，统称为银行。银行对工程项目管理的目的是：保证资金的安全性，保证资金的流动性，保证投入资金的效益性。

2. 银行对工程项目管理的特点

（1）管理的主动权随着资金的投入而降低。

（2）银行对工程项目的管理主要采取金融手段。

（3）银行对工程项目的管理主要是监控项目资金的安全性。

3. 银行对工程项目管理的主要任务

银行对工程项目的管理分为贷前管理和贷后管理两个阶段。

1）贷前管理

（1）受理借款人的借款申请，进行贷款基本调查。

（2）对借款人进行财务评价和信用评价分析。

（3）对贷款项目进行评估。

（4）制定贷款的法律文件，主要有借款合同、保证合同、抵押合同和质押合同等。

（5）贷款审批。

（6）贷款发放。

2）贷后管理

（1）贷后检查。指在贷款发放之后，定期或不定期地对贷款运行情况进行检查分析。

（2）贷款风险预警。通过对项目的绩效追踪以及一些与贷款密切相关情况的收集和先行指标的测算，及时预测和发现贷款可能存在的风险，以便采取相应措施。

（3）贷款偿还管理。主要包括本息的催收，有限延长还款期限的贷款展期，对结清贷款进行评价和总结等。

1.2.5 政府对工程项目的管理

1. 政府对工程项目管理的目的

政府对工程项目管理的主要目的在于维护社会公共利益，保证社会经济能够健康、有序和稳步发展,保证国家建设的顺利进行。

(1) 保证投资方向符合国家产业政策的要求。

(2) 保证工程项目符合社会经济发展规划和环境与生态等的要求。

(3) 保证工程建设项目遵守有关的工程技术标准与规范。

(4) 保证国家整体投资规模达到合理经济规模。

2. 政府对工程项目管理的特点

(1) 具有权威性和强制性。

(2) 具有指导性。

(3) 管理手段多样,以宏观管理为主。

(4) 加强市场准入,强调行业协会的作用。

3. 政府对工程项目管理的主要任务

(1) 制定各种宏观经济政策。

(2) 制定经济与社会发展规划。

(3) 加强重要资源的管理。

(4) 环境与安全管理。

4. 政府对工程项目管理的主要内容

(1) 工程项目建设前期进行的监督与管理,主要包括审查工程项目建设的可行性和必要性,确定工程建设项目的具体位置、用地面积的范围。

(2) 工程项目设计和施工准备阶段进行的监督与管理,主要包括审查工程项目的设计是否符合有关建设用地、城市规划的要求;审查工程项目是否符合建筑技术性法规、设计标准的规定;工程项目施工招标投标过程的监管。

(3) 工程项目施工阶段进行的监督与管理,主要包括开工条件审核、施工阶段定期和非定期检查、竣工检查等。

1.3 工程项目管理模式

1.3.1 工程建设管理的基本制度

工程建设领域实行项目法人责任制、工程监理制、工程招标投标制和合同管理制,是我国工程建设管理体制深化改革的重大举措。这四项制度密切联系,共同构成了我国工程建设管理的基本制度,同时也为我国工程项目管理提供了法律保障。

1. 建设项目法人责任制

1992年11月印发的《关于建设项目实行业主责任制的暂行规定》要求"国有单位基本建设项目原则上都要实行业主责任制"。经过几年的实践证明,实行项目业主责任制有助于落实投资责任,初步改变了筹资建设与经营还贷脱节的弊端,这对于控制建设投资、提高工程质量、加快建设进度起到了积极作用。但同时也发现,项目业主责任制存在一些需要解决的问题,如项目业主身份不清,项目业主班子不规范,项目业主难以行使法律权力等。为了进一步建立投资责任约束机制,在《中华人民共和国公司法》的基础上,于1996年3月印发了《关于实行建设项目法人责任制的暂行规定》,要求"国有单位经营性基本建设大中型项目在建设阶段必须组建项目法人",做到先有法人,后有项目。项目法人责任制的核心内容是明确由项目法人承担投资风险,项目法人要对工程项目的建设及建成后的生产经营实行一条龙管理和全面负责。

2. 建设工程监理制度

通过对我国几十年建设工程管理实践的反思和总结,并借鉴国外工程管理经验,项目管理实践和理论界普遍认识到:建设单位的工程项目管理是一项专门的学问,需要专门的机构和人才,建设单位的工程项目管理必须走专业化、社会化的道路。在此基础上,原建设部于1988年发布了"关于开展建设监理工作的通知",要求开展监理试点工作。1995年12月,建设部和国家计委联合颁布了有关工程建设监理规定的737号文件,1997年11月,建设工程监理制度纳入《中华人民共和国建筑法》的规定范畴。为了规范建设工程监理与相关服务行为,提高建设工程监理与相关服务水平,2000年12月建设部发布《建设工程监理规范》(GB/T 50319—2000),2013年5月修订并发布了《建设工程监理规范》(GB/T 50319—2013),自2014年3月1日起实施。

3. 工程建设招标投标制度

1983年6月7日,城乡建设环境保护部颁发了《建筑安装工程招标办法》,这是我国第一个招标投标的部门规章。1984年9月18日,国务院《关于改革建筑业和基本建设管理体制若干问题的暂行规定》中提出要"大力推行工程招标承包制",这是第一个关于招标投标制度的国家法规。1999年8月30日,九届人大第十一次常务委员会通过了《中华人民共和国招标投标法》。2011年11月30日,国务院第183次常务会议通过《中华人民共和国招标投标法实施条例》,自2012年2月1日起施行。招标投标制是社会主义市场经济条件下建筑市场买卖双方的一种主要交易方式,是由建筑生产特有的规律决定的。

4. 工程建设合同管理制度

为了使勘察、设计、监理、施工、材料设备供应单位依法履行各自的责任和义务,在工程建设中必须实行合同管理制度。我国从1979年开始相继颁发了《关于试行基本建设合同制的通知》《建筑安装工程合同试行条例》《勘察设计合同试行条例》等法规文件,开创了我国工程项目合同管理事业。1999年3月15日,九届人大二次会议通过了《中华人民共和国合同法》,我国工程建设进入了一个法制化和科学化的新时期。

2012年,住房和城乡建设部、工商总局为规范建设工程监理活动,维护建设工程监理合同当事人的合法权益,对《建设工程委托监理合同(示范文本)》(GF-2000-2002)进行了修订,颁布了《建设工程监理合同(示范文本)》(GF-2012-0202),自2012年3月27日起执行。

2013年,住房和城乡建设部、工商总局为规范建筑市场秩序,维护建设工程施工合同当事人的合法权益,对《建设工程施工合同(示范文本)》(GF-1999-0201)进行了修订,制定了《建设工程施工合同(示范文本)》(GF-2013-0201),自2013年7月1日起执行。

1.3.2 工程项目管理相关方组织关系的基本形式

工程建设相关法律法规和管理制度的实施,形成了一种以项目法人为主体的工程招标体系,以设计、施工承包商为主体的工程投标体系,以建设监理单位为主体的咨询、管理体系构成的三元主体结构,且三者之间以工程项目为中心,以经济为纽带,以合同为依据,相互协作、相互制约,构成了现阶段我国工程项目管理的新模式,项目相关方组织关系图如图1-1所示。

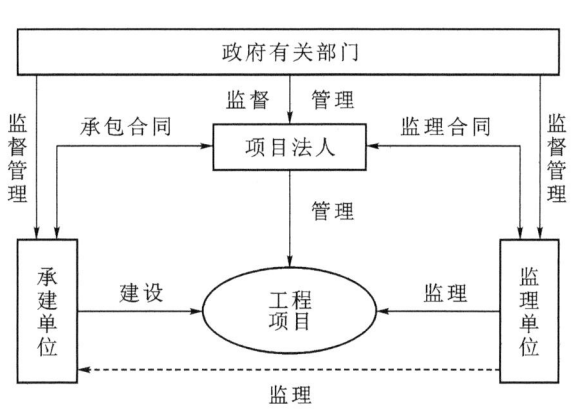

图1-1 项目相关方组织关系图

1.3.3 不同发承包关系的组织模式

不同发承包方式引起相关方组织关系的变化。由于工程发承包方式不同以及承包商从业资质的差别,项目相关方组织关系形式会发生相应的变化。主要有工程项目总承包、设计施工分别总承包、设计施工分别平行分包等方式。

1. 工程项目总承包模式

工程项目总承包也称设计-建造模式,是指业主将工程设计、施工、材料和设备采购等一系列工作全部发包给一家公司,由其进行设计、施工和采购工作,最后向业主交出一个已达到使用条件的工程项目,表示组织关系的工程项目总承包模式组织结构图如图

1-2 所示。在工程项目总承包模式下,业主与总承包单位只签订一份合同,一般宜委托一家监理企业进行监理。

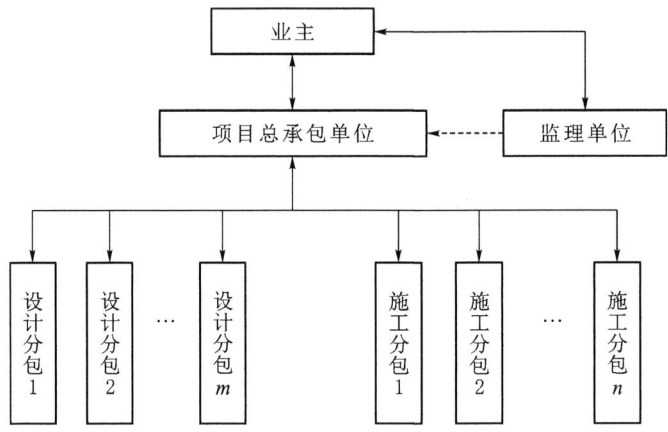

图 1-2　工程项目总承包模式组织结构图

2. 设计施工分别总承包

设计施工分别总承包也称设计、施工总分包,是指业主将工程设计、施工等工作分别发包给设计单位和施工单位。业主分别只与 1 个设计总包单位和 1 个施工总包单位签订合同。

对设计施工总分包的发承包模式,业主可以委托一家监理企业进行全过程监理,也可以按设计阶段和施工阶段分别委托监理企业,表示相应的组织关系的设计施工分别总承包组织结构图如图 1-3、图 1-4 所示。

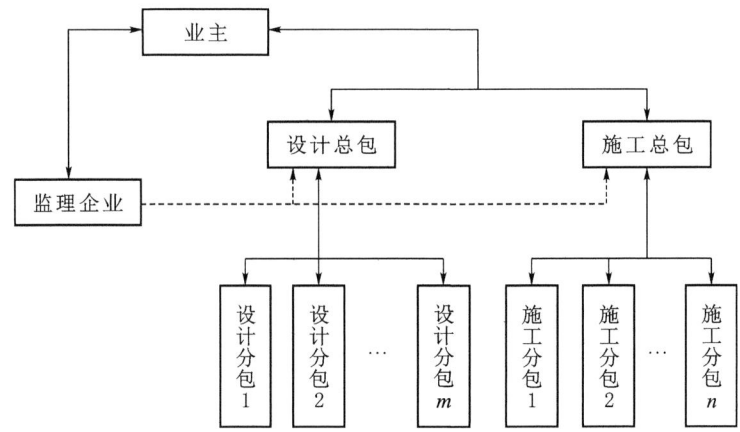

图 1-3　设计施工分别总承包组织结构图(1)

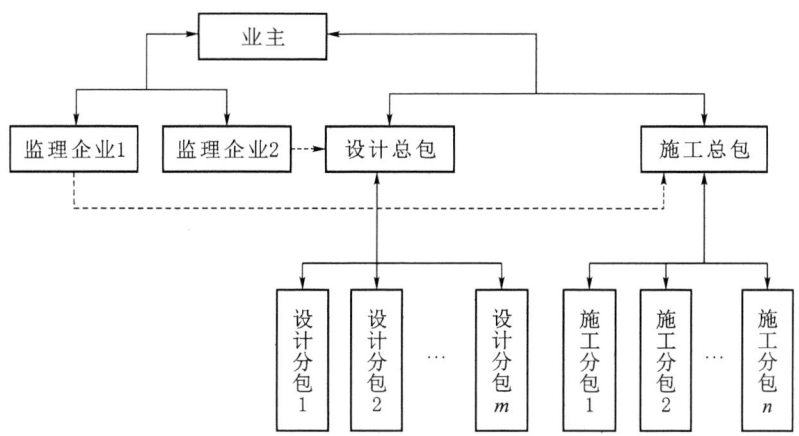

图 1-4 设计施工分别总承包组织结构图(2)

3. 设计施工分别平行分包

设计施工分别平行分包,是指业主将项目设计和施工直接平行分包给若干设计、施工单位和材料设备供应厂家,业主分别与这些设计、施工单位和材料设备供应厂家签订合同,承包合同数量比其他发承包模式要多,协调工作量大。对设计、施工分别平行分包模式,业主可以委托一家监理企业,设计施工分别平行分包组织结构图如图1-5所示,也可以按阶段和专业分别委托多家监理企业进行监理。

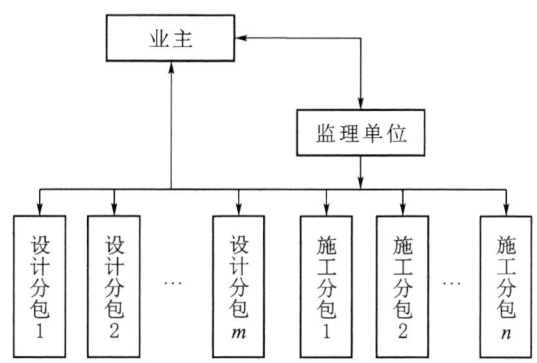

图 1-5 设计施工分别平行分包组织结构图

1.4 国内外工程项目管理的其他模式

随着社会经济水平的发展和项目管理技术的进步,工程项目组织管理模式也在不断发展,国际上出现了许多新型项目管理模式,有些模式在我国已被广泛采用。

1. 设计-招标-建造模式

设计-招标-建造（Design Bid Build，DBB）模式是一种传统的项目管理模式，在国际上比较通用，世界银行、亚洲开发银行贷款项目均采用这种模式。在这种模式下，由业主委托咨询单位进行可行性研究等前期工作，待项目评估立项后与设计机构签订设计合同，由设计机构负责提供项目的设计和施工文件，在设计阶段进行施工招标文件准备，随后通过招标选定承包商。业主和承包商订立工程施工合同，承包商与分包商和供应商可单独订立合同并组织实施。业主一般指派业主代表与监理单位和承包商联系，负责有关的项目管理工作。

2. 咨询监理模式

咨询监理（Construction Management，CM）模式，20世纪60年代发源于美国，20世纪80年代在国外广泛流行。CM模式就是在采用快速路径法进行施工时，从开始阶段就雇用具有施工经验的咨询监理单位（CM单位）参与到建设工程实施过程中来，以便为设计人员提供施工方面的建议，随后负责管理施工过程。这种模式改变了过去那种设计完成后才进行招标的传统模式，采取分阶段发包，由业主、CM单位和设计单位组成一个联合小组，共同负责组织和管理工程的规划、设计和施工，CM单位负责工程的监督、协调和管理工作，在施工阶段定期与承包商会晤，对成本、质量和进度进行监督，并预测和监控成本和进度的变化。其最大优点就是可以缩短工程从规划、设计到竣工的周期，节约建设投资，减少投资风险，可以比较早地取得收益。CM模式有代理型CM和非代理型CM两种形式。

代理型CM又称纯粹型CM模式，采用代理型CM时，业主分别与设计、施工单位签订承包合同，与CM单位签订咨询服务合同，我国建设监理制就源于这种模式。

非代理型CM又称风险型CM模式，采用非代理型CM模式时，业主一般不与施工单位签订合同，而由CM单位与施工单位、材料设备供应单位签订合同，业主与CM单位签订的合同既包括咨询服务内容，也包括施工承包内容。

不论哪一种形式，应用CM模式都需要具备丰富的施工经验和较高的管理水平，这是应用CM模式的关键和前提条件。

3. 设计-管理模式

设计-管理（Design Manage）模式类似CM模式，但更为复杂，是由同一实体向业主提供设计和施工管理服务的工程管理方式。在通常的CM模式中，业主分别就设计和施工管理服务签订合同，而采用设计-管理模式时，业主只签订一份既包括设计也包括类似CM服务在内的合同。在这种情况下，设计机构和管理机构是同一实体。这一实体常常是设计机构和施工管理企业的联合体。

4. 建造-运营-移交模式

建造-运营-移交（Build Operate Transfer，BOT）模式是指政府部门就某个基础设施项目与项目公司（由私人资本组成）签订特许权协议，授权项目公司负责承担该基础设施项目的投资、融资、建设、经营和维护。在协议规定的特许期限内，项目公司可在该基础设施建成后，通过经营收取一定的费用以抵偿该项目投资、融资、建设、经营和维护的成本，并获取合理的利润。政府部门则拥有该基础设施的规划权、监督权和调控权。特许期满后，项目公司再无偿将该设施转让给政府部门。现在 BOT 具有许多变体，主要如下：

BOO（Build Own Operate），即建造-拥有-经营。
BOOT（Build Own Operate Transfer），即建造-拥有-经营-转让。
BL/RT（Build Lease/Rent Transfer），即建造-租赁-经营。
BROT（Build Rent Operate Transfer），即建造-租赁-经营-转让。
TOT（Transfer Operate Transfer），即转让-经营-转让。

5. 设计-采购-建造模式

设计-采购-建造（Engineering Procurement Construction，EPC）模式包括具体的设计工作、总体策划、实施组织管理策划和具体工作。在 EPC 模式下，业主只要大致说明一下投资意图和要求，其余工作均由 EPC 承包单位来完成。业主不聘请监理工程师来管理工程，而是委派业主代表来管理工程。承包商承担设计风险、自然力风险、不可预见风险等大部分风险，一般采用总价合同。EPC 模式适用于规模较大、工期较长，且技术复杂的工程，如发电厂、石油开发等基础设施项目。

6. PPP 融资模式

公共部门与私人企业合作模式（Public Private Partnership，PPP）是指政府与民间投资人合作投资基础设施。从更广泛的意义上讲，只要是旨在促进私人企业与政府合作进行基础设施发展的模式都可以归为这一类别。PPP 模式主要是围绕基础设施特许经营权，本质上是政府部门和社会投资者之间一系列复杂的合约安排，要平衡公共部门和私人企业不同利益方的利益和要求，以及合理分配各方的责任和应承担的风险。通过协商，明确基础设施项目的建设方案和运营方案，围绕项目的融资活动进行相应的规划，提供各自的支持及配合，并根据这种参与协调的结果，形成特许经营的协议框架，合作各方再根据特许经营协议来实施该项目。

7. 伙伴合作模式

伙伴（Partnering）模式是在充分考虑建设各方利益的基础上确定建设工程共同目标

的一种管理模式,20世纪80年代中期首先出现在美国。它一般要求业主与参建各方在相互信任、资源共享的基础上达成一种短期或长期的协议,通过建立工作小组相互合作、及时沟通,以避免争议和诉讼的产生,共同解决建设工程实施过程中出现的问题,共同分担工程风险和有关费用,以保证参与各方目标和利益的实现。Partnering协议不是严格法律意义上的合同,它总是与其他管理模式结合使用。Partnering模式具有:双方的自愿性、高层管理的参与、信息的开放性等特征。该模式的特点决定了它特别适用于:业主长期有投资活动的建设工程;不宜采用公开招标或邀请招标的建设工程;不确定因素较多的建设工程;国际金融组织贷款的建设工程。

8. 项目总控模式

项目总控(Project Controlling,PC)模式是20世纪90年代中期在德国首次出现并形成相应的理论。Peter Greiner博士首次提出了PC模式,并将其成功应用于德国统一后的铁路改造和慕尼黑新国际机场等大型建设工程。PC模式是为适应大型和特大型建设工程高层管理人员决策需要而产生的,是工程咨询和信息技术相结合的产物。其核心就是以工程信息流处理的结果指导和控制工程的物质流。PC方实质上是工程项目业主的决策支持机构。PC模式不能作为一种独立的模式,往往与其他管理模式同时并存。

9. 项目管理模式

项目管理公司受项目发包人委托,根据合同约定,代表发包人对工程项目的组织实施全过程或若干阶段的管理和服务,项目管理公司作为发包人的代表,帮助发包人做项目前期的策划、可行性研究、项目定义、项目计划以及工程实施的设计、采购、施工等工作。根据项目管理公司的服务内容、合同中规定的权限和承担的责任不同,项目管理模式一般分为两种类型。

(1) 项目管理承包型(PMC)。在该类型中,项目管理公司与发包人签订项目管理承包合同,代表发包人管理项目,而将项目所有的设计、施工任务发包出去,承包商与项目管理公司签订合同。但在一些项目上,项目管理公司也可能承担一些外界及公用设施的设计、采购、施工工作。这种管理模式中,项目管理公司要承担费用超支的风险,若管理得好,利润回报较高。

(2) 项目管理服务型(PM)。在该类型中,项目管理公司按照合同约定,在工程项目决策阶段,为发包人编制可行性研究报告,进行可行性分析和项目决策;在工程项目实施阶段,为发包人提供招标代理、设计管理、采购管理、施工管理和试运行(竣工验收)等服务,代表发包人对工程项目进行质量、安全、进度、费用、合同、信息等管理。这种项目管理模式风险较低,项目管理公司根据合同承担相应的管理责任,并得到相对固定的服务费。

10. 代建制

2004年7月，国务院颁布的《国务院关于投资体制改革的决定》(国发〔2004〕20号)明确指出："对非经营性政府投资项目加快推行代建制。"即政府通过招标的方式，选择专业化的项目管理单位负责建设实施，严格控制项目投资、质量和工期，竣工验收后移交给使用单位。在我国固定资产投资的实践中，产生了积极的作用。"代建制"作为一项制度，其重要意义是依靠专业化组织和人员实行社会化管理，降低管理成本，提高建设工程投资效益，增加投资实施情况的透明度，方便监督管理，解决业主外行、管理分散、机构设置重复等问题，体现了现代化生产发展规律的要求，有利于推进政府部门的职能转变。实行代建制以后，政府主管部门的职责是投资决策、市场选择和监管评估。代建单位是中介组织，是法人单位，其收益办法是收取代理费或咨询费，从节约的投资中提成，其工作性质是工程管理和咨询，只承担管理和咨询风险，而不承担工程风险。

1.5 不同工程管理模式的社会化程度和特点

在现代社会，工程管理越来越趋向社会化。不同的管理模式社会化程度不同，业主自己管理是最低层次的社会化；项目管理承包(或服务)是比监理制更为完善的社会化方式；而代建制是最完备的、高层次化的社会化工程管理，业主很少介入具体的工程管理工作，各种管理模式的社会化和一体化程度分析如图1-6所示。

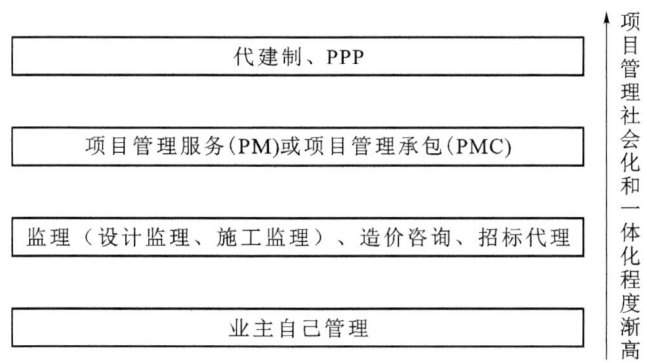

图1-6 各种管理模式的社会化和一体化程度分析图

工程管理的社会化具有以下优点：

(1) 社会化的工程管理者与工程没有直接利益关系和利益冲突，具有独立性、公平性、专业化、知识密集型的特点，可以独立公平地做出管理决策，保证工程管理的科学性和高效性。

(2) 对业主来说，方便、简单、省事。业主只需和项目管理公司(咨询公司或代建单位)签订管理合同,支付管理费用,在工程中按合同检查、监督工程管理公司的工作。对承包商的工程只需作整体把握,答复批示,做决策,而具体事务性管理工作都由工程管理公司承担。

(3)促进工程管理的专业化,工程管理经验容易积累,管理水平易于提高。项目经理熟悉工程的实施过程,熟悉工程技术,精通工程管理,有丰富的工程管理经验和经历,能将工程的设计、计划做的周密,能够对工程的实施进行最有力的控制,更能够保证工程的成功。

(4)社会化的工程管理者在工程中起协调、平衡作用。他能站在公正的立场上,公正、公平、合理地处理和解决问题,调解争执,协调各方的关系,平衡各方利益,保证工程有一个良好的合作氛围。

(5)工程管理的社会化也存在一定的问题,主要是工程管理者在建设工程中责、权、利不平衡。例如,工程管理者的工作很难用数量来定义,他的工作质量很难评价和衡量;工程的成功依赖他的努力,但他的收益和工程的最终效益无关;在工程中他有很大的权限,却不承担或承担很少的工程经济责任等。社会化的工程管理需要业主的充分授权,需要业主对工程管理者完全信任,更需要工程管理者有很高的管理水平和职业道德。

第2章 工程咨询模式研究

2.1 工程咨询

2.1.1 工程咨询定义

工程咨询是遵循独立、公正、科学的原则,综合运用多学科知识、工程实践经验、现代科学和管理方法,在经济社会发展、境内外投资建设项目决策与实施活动中,为投资者和政府部门提供阶段性或全过程咨询和管理的智力服务。

工程咨询单位是指在中国境内设立的从事工程咨询业务并具有独立法人资格的企业、事业单位。工程咨询单位及其从业人员应当遵守国家法律法规和政策要求,恪守行业规范和职业道德,积极参与和接受行业自律管理。

国家发展改革委负责指导和规范全国工程咨询行业发展,制定工程咨询单位从业规则和标准,组织开展对工程咨询单位及其人员执业行为的监督管理。地方各级发展改革部门负责指导和规范本行政区域内工程咨询行业发展,实施对工程咨询单位及其人员执业行为的监督管理。

2.1.2 工程咨询业务专业划分

工程咨询业务专业划分如表2-1所示。

表2-1 工程咨询业务专业划分表

序号	专业名称	序号	专业名称	序号	专业名称
1	农业、林业	5	石油、天然气	9	水运(含港口河海工程)
2	水利水电	6	公路	10	电子、信息工程(含通信、广电、信息化)
3	电力(含火电、水电、核电、新能源)	7	铁路、城市轨道交通	11	冶金(含钢铁、有色)
4	煤炭	8	民航	12	石化、化工、医药

(续表)

序号	专业名称	序号	专业名称	序号	专业名称
13	核工业	16	建筑材料	19	生态建设和环境工程
14	机械(含智能制造)	17	建筑工程	20	水文地质、工程测量、岩土工程
15	轻工、纺织	18	市政公用工程	21	其他(以实际专业为准)

2.1.3 工程咨询服务范围

1. 规划咨询

规划咨询含总体规划、专项规划、区域规划及行业规划的编制。

2. 项目咨询

项目咨询含项目投资机会研究、投融资策划,项目建议书(预可行性研究)、项目可行性研究报告、项目申请报告、资金申请报告的编制,政府和社会资本合作(PPP)项目咨询等。

3. 评估咨询

评估咨询各级政府及有关部门委托的对规划、项目建议书、可行性研究报告、项目申请报告、资金申请报告、PPP项目实施方案、初步设计的评估,规划和项目中期评价、后评估,项目概预决算审查,及其他履行投资管理职能所需的专业技术服务。

2.1.4 咨询工程师

咨询工程师是指从事各种咨询活动的管理工程师。一般来说,咨询工程师应具备熟练的专业技术和经营管理知识,丰富的实际工作经验,广泛的社会联系和良好的社会信誉。咨询工程师能在工程建设的各个阶段,为业主、承包商等各方提供各种形式和内容的咨询服务。

咨询工程师是以从事工程咨询业务为职业的工程技术人员和其他专业(如经济、管理)人员的统称。

国际上对咨询工程师的理解与我国习惯上的理解有很大不同。按国际上的理解,我国的建筑师、结构工程师、各种专业设备工程师、监理工程师、造价工程师、从事工程招标业务的专业人员等都属于咨询工程师;甚至从事工程咨询业务有关工作(如处理索赔时可能需要审查承包商的财务账簿和财务记录)的审计师、会计师也属于咨询工程师之列。

2.2 工程咨询行业概况

2.2.1 工程咨询发展阶段

工程咨询业起源于英国,19世纪中期,大型复杂铁路建设热潮催生了工程咨询行业的发展,当时大规模的铁路建设使现有的项目工程师难以监管工程的方方面面,项目工程师开始作为咨询师专注于特定领域(结构、水、交通设计,工程管理等)。工程咨询业最早起源于英国,其后这一想法迅速扩散到其他国家,起初这一专业被视为土木工程的同义词,主要原因是土木工程是当时的主要建设活动。这一时期欧洲出现了两种工程咨询模式:一种是英国模式,建立在勤奋、有经验及专注之上;另一种是法国模式,以优秀的学术背景、受过系统化学习为主流。法国由于在监管部门率先规范工程咨询活动,因此成为当地咨询活动最重要的采购方。第二次世界大战前,工程咨询领域由英国及法国企业垄断。其后美国工程咨询崛起成为全球领袖。

工程咨询行业发展演变可分为以下几个阶段。

1. 个体咨询时期

19世纪90年代,美国成立了土木工程协会,独立承担从土木工程建设中分离出来的技术业务咨询。

2. 合伙(集体)咨询时期

20世纪,个体咨询已从土木工程领域拓展到工业、农业、交通等领域,咨询形式由个体独立咨询发展到合伙人公司,如1910年美国成立了"美国咨询工程师协会(FIDIC)",1913年,英国成立了"咨询工程师协会(ACE)",初步形成较完整的行业法规。

3. 综合咨询时期

综合咨询时期,工程咨询业发生了三大变化:一是从专业咨询发展到综合咨询;二是从工程技术咨询发展到管理咨询;三是从国内咨询发展到国际咨询。20世纪50年代,法国咨询业进入国际市场。60年代日本咨询业进入稳步发展阶段,成立了日本海外工程咨询师协会。随着国际交流日益频繁,工程咨询业务向国际化、规范化方向发展,国际业务不断增长。为此FIDIC通过一系列"政策声明"和"道德法则"来规范咨询工程师及其行业的行为,并制定了许多文件范本及业务指南。

当前全球工程咨询业总产值近万亿美元,美国是目前工程咨询业最发达的国家。根据IBIS World Industry报告(Global Engineering Services, April 2015)2014年全球工程咨询行业总产值约为7 828亿美元，产业总体规模大且持续增长。2020年行业总产值规模在全球国家GDP排行榜上位列前茅。

2.2.2 工程咨询行业现状

我国工程咨询行业起步于20世纪80年代，历经30多年发展。2015年，工程咨询资质企业营收超3万亿（注：非工程咨询行业收入），其中工程造价资质企业的营业收入为1 079.47亿元，工程招标代理资质企业的营业收入总额为2 562.74亿元，工程监理资质企业承揽合同额2 846.74亿元。1982年，国家计委主任提出了"先评估、后决策"的原则，工程咨询正式纳入投资项目决策程序。历经30余年发展，我国工程咨询行业规模不断壮大，2015年年底，全国具有工程咨询相关资质的单位约34 000家，从业人员超过350万人，其中注册执业（登记）人员约60万人次，全行业年营业收入超过3万亿元（图2-1）。

年份/年	全年营业收入(造价+招投标+监理)/亿元	企业数量(造价+招投标+监理)/10家	注册执业人员数(造价+招投标+监理)/千人
2010	3 831.66	2 039.50	2 102.14
2011	4 257.40	2 266.10	2 335.71
2012	4 730.44	2 517.90	2 595.24
2013	5 256.05	2 797.70	2 883.60
2014	5 840.06	3 108.60	3 204.00
2015	6 488.95	3 454.00	3 560.00

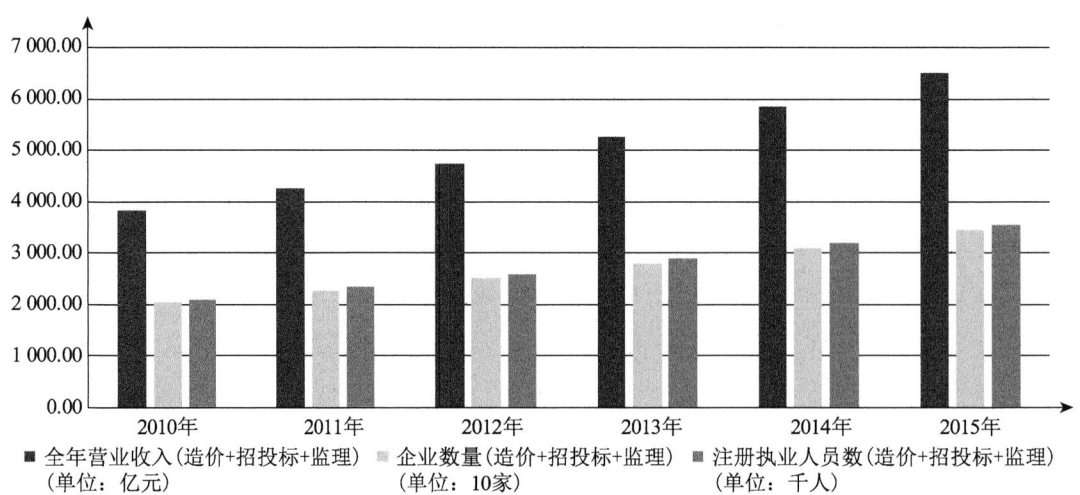

图2-1 我国工程行业规模变化示意图

2.2.3 工程咨询行业发展趋势

当前国内工程咨询万亿存量市场上存在两大趋势：

(1) 简政放权背景下,低毛利率的同质化服务面临洗牌,多元化综合性咨询服务快速兴起。

(2) 随着市场化程度的提升,行业集中度有望进一步提升,这使得具备技术及资金优势,可承接创新业务并进行资本运作的专业咨询机构迎来利好。

我国工程咨询行业服务深度较浅,亟待转型升级。工程咨询行业服务过程可分为项目建设前期的策划、项目的可行性研究、勘察设计、招标和评标服务、合同谈判服务、施工管理（监理）、生产准备、调试验收与总结评价等,现阶段工程咨询单位主要集中在投资策划与可行性研究,工程咨询阶段服务深度较浅,同时信息化程度相对有限,这使我国工程咨询费占工程造价的比例显著低于国外发达国家。数据显示德国的工程咨询费约占工程造价的7.5%~14%,英国的工程咨询收费标准为8.85%~13.25%,美国的工程咨询费率在6%~14%,而我国全过程各类服务收费累计一般按工程造价总额的1%~2%（表2-2）。

表2-2 国内外全过程管理及技术体系比较

	国外	国内
管理规范	法律"自律协会制度"行业规范与企业内部制度相结合	以企业内部制度为主,法律"规范等不完善"
管理方法	运用市场机制	以行政手段管理工程项目
组织结构	矩阵式结构为主导	矩阵式结构/直线职能式结构
管理内容	建设工程全过程管理	建设工程某阶段管理
技术体系	信息化程度、人员素质、创新能力强	办公自动化、业务管理信息化、咨询业务信息化、客户服务信息化程度低

与此同时,工程咨询行业的集中度有望进一步提升。根据中国工程咨询协会统计数据,2015年年底,全国具有工程咨询相关资质的单位约34 000家,行业总体营收规模为3万亿元,工程咨询相关资质企业平均营收为1亿元,工程造价资质企业平均营收为0.15亿元,招投标代理资质企业平均营收0.42亿元,工程监理资质企业平均营收为0.33亿元,总体规模较小。2016年,20家工程咨询企业进入《工程新闻记录》(ENR)"全球工程设计公司150强",23家进入"国际工程设计公司225强"。其中排名最高的

中国交通建设集团有限公司位于 27 位，2013 年总营收为 27.36 亿美元，仅为排名第一的 AECOM 公司营收规模的 1/3，企业整体规模较小，参考国外产业集中度有望进一步提升（图 2-2）。

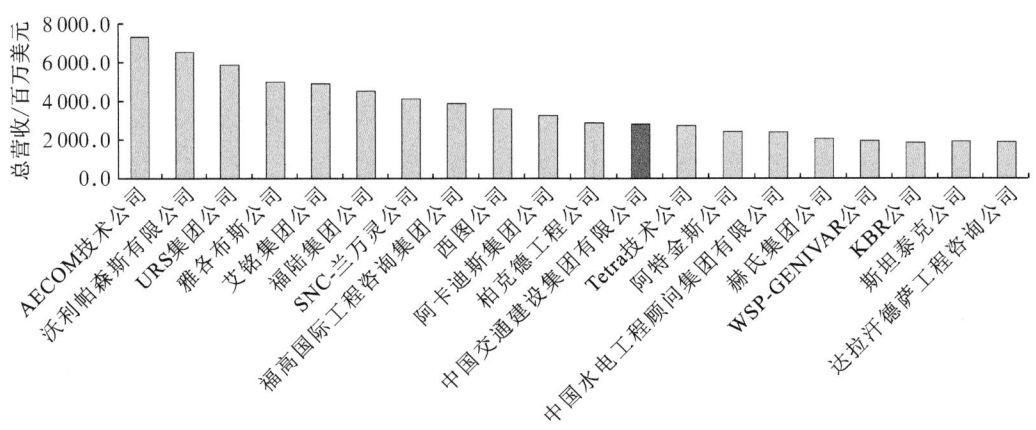

图 2-2　全球工程设计公司规模比较

2.2.4　工程咨询核心竞争要素

目前我国工程管理服务机构主要有三类：一是由过去各专业部委的研究院、规划院和设计院改制而成的专业工程咨询公司，业务集中在某一个或少数行业，主要承担工程设计和技术咨询；二是原各级发改委、经委设立的综合性工程咨询机构，主要承担当地政府委托的项目咨询评估任务，为政府投资决策把关；三是少量的民营工程咨询公司。在当前市场过渡阶段，品牌、人才与资金是核心竞争要素。

（1）品牌是保障。工程咨询在项目实施中起到重要作用，大型项目涉及工序复杂，建设周期长，质量要求高，因为更青睐于大规模品牌服务商，因为品牌及口碑是业务运营的重要保障。

（2）人才是根本。工程咨询是一项高度智力化服务，专业技术人才的数量和质量决定了企业的核心竞争力。

（3）资金是助力。2013 年颁布的《关于进一步加快民营经济发展的意见》提出，除国家法律、法规明确禁止准入的行业和领域外，在制定负面清单（不合格厂商名录清单）基础上，各类市场主体可依法平等进入清单之外领域。但由于我国长期计划经济所形成的行政区域和行业条块分割，加之现有工程咨询机构大多与政府机构有渊源，工程咨询行业存在一定的地方保护主义，跨区域经营阻力较大，兼并收购或合营是更理想的选择，这对企业融资能力及资金实力提出了更高的要求。

2.3 工程咨询模式

2.3.1 全过程工程咨询模式

现阶段,我国设计咨询的业务内容及参与流程均少于发达国家。参考我国与发达国家在设计工作量与设计费用的分配发现,成熟市场工程设计业务的确涉及从前期企划及调研至最终竣工及验收各个环节;而我国现阶段工程设计业务仅介入从方案设计至施工图设计等几个环节。随着我国工程设计行业产业链议价能力的提升,工程咨询在项目全生命周期起到了举足轻重的作用(表2-3)。

表2-3 我国与发达国家在工程设计阶段的工作量与费用分配比较

设计阶段	设计工作量或设计费用的分配/%					
	中国内地	日本	中国香港	新加坡	美国	德国
前期企划及调研	—	5	10	—	—	3
方案设计	20	25	5	20	10	7
初步设计(设计发展)	30	25	20	15	20	11
行政审批	30	40	—	10	—	6
施工图设计	50	40	35	17.5	40	25
招投标	—	—	—	2.5	5	14
现场监理及合同管理	—	30	30	30	25	31
竣工及验收	—	30	30	5	25	3

资料来源:姜涌《建筑师职能体系与建造实践》。
注:本表格依据各国建筑服务标准整理,中国以建筑与室外工程三级为例,方案设计的审批未单独列出。

2017年2月21日,国务院办公厅颁布《关于促进建筑业持续健康发展的意见》(国办发〔2017〕19号),在建筑工程的全产业链中首次明确了"全过程工程咨询"的理念。

1. 培育全过程工程咨询

鼓励投资咨询、勘察、设计、监理、招标代理、造价等企业采取联合经营、并购重组等方式发展全过程工程咨询,培育一批具有国际水平的全过程工程咨询企业。政府投资工程应带头推行全过程工程咨询,鼓励非政府投资工程委托全过程工程咨询服务。

2. 加快推行工程总承包

装配式建筑原则上应采用工程总承包模式。政府投资工程应完善建设管理模式,带头推行工程总承包。

3. 提升建筑设计水平

健全适应建筑设计特点的招标投标制度，推行设计团队招标、设计方案招标等方式。促进国内外建筑设计企业公平竞争，培育有国际竞争力的建筑设计队伍。

4. 全过程咨询定义

全过程工程咨询是对工程建设项目前期研究和决策以及工程项目实施和运行（或称运营）的全生命周期提供包含设计和规划在内的涉及组织、管理、经济和技术等各有关方面的工程咨询服务。全过程工程咨询服务可采用多种组织方式，为项目决策、实施和运营持续提供局部或整体解决方案。

工程咨询企业可根据企业自身的优势和特点积极延伸服务内容，提供项目建设可行性研究、项目实施总体策划、工程规划、工程勘察与设计、项目管理、工程监理、造价咨询及项目运行维护管理等全方位的全过程工程咨询服务。

5. 全过程工程咨询管理机制

（1）全过程工程咨询服务的组织模式。全过程工程咨询服务可由一家具有综合能力的工程咨询企业实施，或可由多家具有不同专业特长的工程咨询企业联合实施，也可以根据建设单位的需求，依据全过程工程咨询企业自身的条件和能力，为工程建设全过程中的几个阶段提供不同层面的组织、管理、经济和技术服务。由多家工程咨询企业联合实施全过程工程咨询的，应明确牵头单位，并明确各单位的权利、义务和责任。

（2）全过程工程咨询服务的委托。建设单位应将全过程工程咨询中的前期研究、规划和设计等工程设计类服务，以及项目管理、工程监理、造价咨询等工程项目控制和管理类服务委托给一家工程咨询企业或由多家企业组成的联合体或合作体。建设单位在项目筹划阶段选择具有相应工程勘察、设计或监理资质的企业开展全过程工程咨询服务，可不再另行委托勘察、设计或监理。同一项目的工程咨询企业不得与工程总承包企业、施工企业具有利益关系。

（3）全过程工程咨询服务的酬金。全过程工程咨询服务费应在工程概算中列支。建设单位应当根据工程项目的规模和复杂程度，工程咨询的服务范围、内容和期限等与工程咨询企业协商确定服务酬金。全过程工程咨询服务的酬金可按各项专项服务的费用相叠加并增加相应统筹费用后计取，也可按照国际上通行的人员成本加酬金的方式计取。全过程工程咨询服务企业应努力提升服务能力和水平，通过为工程建设和运行增值的效果体现其自身的市场价值，避免采取降低咨询服务酬金的方式进行市场竞争，禁止采用低于成本价的恶性市场竞争行为。鼓励建设单位根据咨询服务节约的投资额对咨询企业进行奖励。

（4）提供全过程工程咨询服务企业的能力要求。提供全过程工程咨询服务的企业应当具有相应的组织、管理、经济、技术和法规等咨询服务能力，同时具有良好的信誉、相应的组织机构、健全的工程咨询服务管理体系和风险控制能力。全过程工程咨询服务企业承担勘察、设计或监理咨询服务时，应当具有与工程规模及委托内容相适应的资质条件。

（5）全过程工程咨询项目负责人及相关执业人员的基本要求。全过程工程咨询项目负责人应取得工程建设类注册执业资格或具有工程类、工程经济类高级职称，并具有类似工程经验。对于承担全过程工程咨询服务中勘察、设计或监理岗位的人员应具有现行法规规定的相应执业资格。

（6）全过程工程咨询服务的转委托。工程咨询企业应当自行完成自有资质证书许可范围内的业务，在保证整个工程项目完整性的前提下，按照合同约定或经建设单位同意，将约定的部分咨询业务择优转委托给具有相应资质或能力的企业，工程咨询企业应对转委托企业的委托业务承担连带责任。

（7）提供全过程工程咨询服务企业的义务和责任。全过程工程咨询服务企业对其咨询成果的数据真实性、有效性和科学性负责，通过勤勉工作履行合同约定的各项义务，承担相应的责任。

2.3.2 建筑师负责制模式

建筑师负责制下，设计咨询服务的业务范畴及职责将进一步扩大。2015年3月，住建部将"建筑师负责制"纳入上海浦东新区建筑业综合改革试点的一项内容。同年10月，随着《浦东新区建设项目建筑师负责制试点工作方案》的颁布，"建筑师负责制"开始在上海浦东保税区进行试点，标志着我国建筑设计行业的又一次重大改革正式拉开序幕（表2-4）。

表2-4 "建筑师负责制"的推进历程

时间	历程	核心思想
2013年12月	中央城镇化工作会议	城市建设要从技术角度出发，要加强建筑质量管理制度的建设
2014年8月	五方责任制	首次在"双轨制"下提出建筑师要作为责任主体，体现未来改革方向
2015年12月	中央城市工作会议	再次明确技术对城市建设的核心作用，统筹规划/建设/管理三大环节
2016年2月	国务院发布《关于进一步加强城市规划建设管理工作的若干意见》	为建筑设计企业创造更好条件，培养优秀建筑师，提高建筑师地位

(续表)

时间	历程	核心思想
2016年11月	上海建交委发布《关于浦东新区推进建设项目建筑师负责制试点工作的实施意见》	试点范围从保税区扩大到整个自贸区,显示"建筑师负责制"试点工作进入2.0版本,明确三大改革思路:(1)以发挥建筑师作用机制为核心任务;(2)注重转变政府职能;(3)强化建设工程的事中事后监管
2017年5月	住建部发布《工程勘察设计行业发展"十三五"规划》	提及试行建筑师负责制,"从设计总包开始,由建筑师统筹协调建筑、结构、机电、环境、景观等各专业设计,在此基础上延伸建筑师服务范围,按照权责一致原则,鼓励建筑师依据合同约定提供项目策划、技术顾问咨询、施工指导监督和后期跟踪服务,推进工程建设全过程建筑师负责制"

资料来源:住建部网站,光大证券研究所整理。

目前,"建筑师负责制"是国际工程建设中一种较为先进的通行管理模式。在欧美等发达国家中,建筑师不仅是设计师,还是负责项目设计、建造施工以及质保维护全过程管理的工程总负责人,其服务内容主要包括:设计环节全负责;代表业主,监督施工进展;后续质量环节全负责。建筑师负责制将提高建筑师地位,保证建筑师权益,使建筑师设计理念完整实施,提高建筑品质(引自住建部《工程勘察设计行业发展"十三五"规划》)。

在"建筑师负责制"模式中,建筑师的角色贯穿建筑工程全流程,包括前期设计阶段、施工管理阶段与质保跟踪阶段。建筑师不仅在前期负责领导和管理组建设计团队,在工程实施过程中还负责项目招投标、施工单位与工程验收的管理与监督工作,同时在项目竣工后负责完成项目质量跟踪与整改追溯,并最终确认工程款与质量保证金的结算(图2-3)。

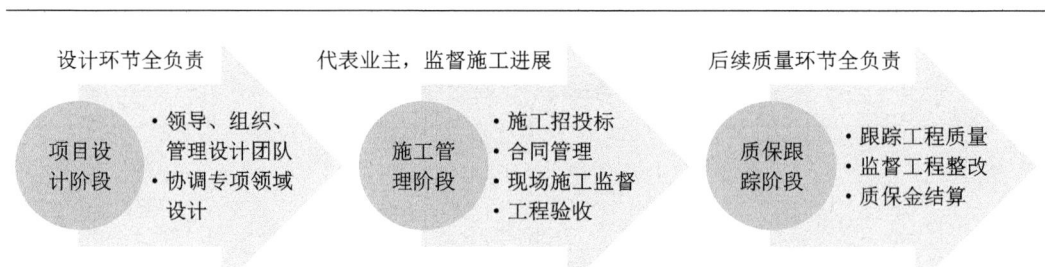

资料来源:光大证券研究所。

图2-3 国外"建筑师负责制"体制下设计企业的职责与服务内容

"建筑师负责制"赋予设计单位极高权限,工程各参与单位对建筑师负责,建筑师对业主负责,在工程实施全流程中拥有绝对的发言权、决策权和领导权,相当于设计总包

（图2-4）。

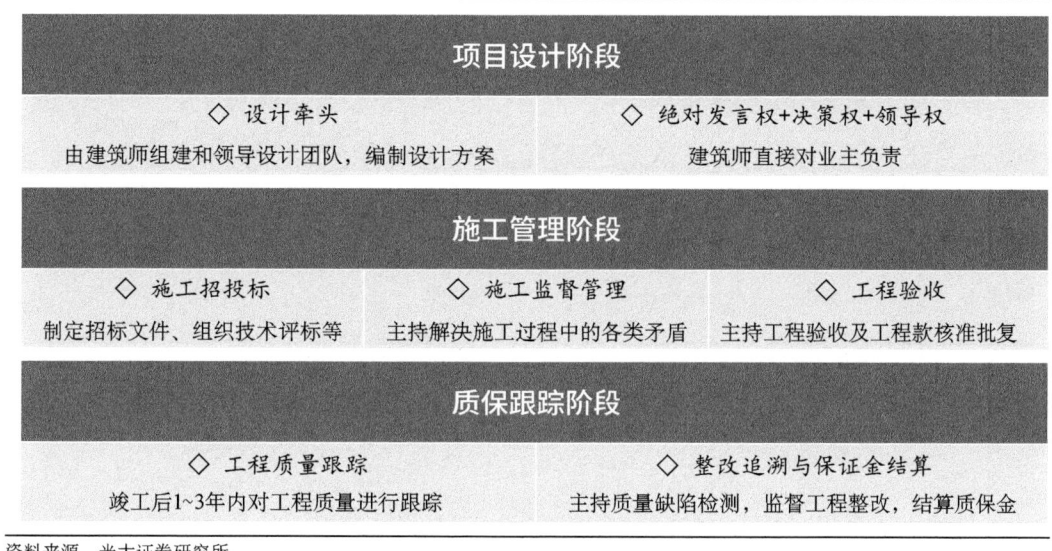

资料来源：光大证券研究所。

图 2-4　国外"建筑师负责制"模式下的工程建设全流程管理体系

2.4　工程咨询公司模式研究

工程咨询公司以其设计或项目管理优势为关键能力，通过有效的商业模式拓宽市场，弱化需求波动的影响，打造出稳定增长的路径。通过分拆工程咨询公司商业模式的两个核心问题——"关键能力是什么""有什么价值可以在利益相关者之间交换"来分析它们的交易结构如何带来稳定增长。

2.4.1　"去施工化的国际工程服务商"模式

以产业的关键能力，为工程业主提供成套设备进口并管理项目施工，为施工方提供项目资源和项目管理，从而实现超越同行的人均产值，并摆脱了单个细分工程领域的有限市场空间，代表公司为中工国际：国际工程服务商与国内及海外政府都建立了良好关系，拥有强大的海外项目管理专业人才队伍，与众多分包商建立了长期战略合作关系，从而能够为海外业主提供成套设备进口和工程承包，为施工方提供项目资源和项目管理，既满足了海外业主对工程施工的需求，又满足了国内设备和生产力输出的需求，同时被业主和分包商所依赖，形成三方共赢的稳定的交易结构，并使公司可以不直接从事施工业务，产能能够横跨多个细分工程领域，摆脱单个细分市场空间的限制，实现由多个领域多个国家市场驱动的稳定增长。

2.4.2 "产业链延伸"模式

以设计实力和品牌为关键能力,为业主提供的服务从设计延伸到工程总包,使原有营销成果产生数倍于原设计业务的利润,突破了原有市场增速的制约,如某咨询公司:在工程承包中是拥有强大设计实力的公司,能够用优秀的理念与方案影响业主对项目的预期,除了更容易获得项目资源,更可将原本合同额只有工程投资总额1%～3%的设计业务升级为总包业务,考虑1亿元的总包项目,总包带来的毛利约600万元,而其中设计毛利仅约40万元,设计向总包的转型突破了原有市场增速的制约,数倍放大了增长空间。

2.4.3 "类加盟"模式

以标准化可复制的管理、技术、品牌、资金优势为关键能力,为收购对象提供低成本、高品质的实力升级,收购对象则成为公司重要的当地营销中心,大大拓展了市场空间,弱化了单个区域市场需求波动的影响,实现"1+1>2"的效果,如某大型集团股份有限公司:采取此种商业模式经营,已经打造了可复制的优秀管理体系、成熟的信息管理系统以及标准化的并购与整合流程。各地存在诸多已经完成改制但管理能力和技术实力都非常欠缺、希望做强却无法进行大量先期投入的地方性设计院,该公司可通过管理体系、信息系统和技术的输出让被收购标的实现低成本高品质的实力升级,而该公司在进入当地市场后的收益往往远大于其收购所需的投入,从而实现双赢。通过并购能够大大减少异地市场开拓的难度,迅速扩展市场空间,弱化了单个区域市场需求波动的影响,实现其稳定增长的目标。

第3章 项目背景及咨询顾问模式所解决的问题

3.1 项目背景

随着"一带一路"倡议的不断推进,中国基础设施建设的意义之重大,未来所赋予的使命之艰巨,以便更好地开展下一步工作。本项目由工程建设咨询管理领域内多位专家参与的编制小组对国内国外的咨询顾问模式进行了研究和分析,通过引入咨询顾问的模式来解决现阶段的各种问题。

3.2 面临的主要问题

通过前期的多次沟通与调研,本书编制小组认为集团在工程建设管理方面面临的主要问题是:
(1) 如何使用咨询顾问?
(2) 如何引入咨询顾问?
(3) 如何评价咨询工作?
(4) 如何推广咨询模式与经验?

3.3 问题剖析

详细问题剖析展开从以下几方面分析。

1. 明确各自的责任

与子公司咨询顾问的职责划分,咨询顾问参与子公司工作的深度和广度:
(1) 集团对子公司发展有明确定位。
(2) 在具体开发流程中,明确咨询顾问的定位和参与范围。
(3) 对咨询公司发挥的职能分解,确定咨询顾问的参与深度与广度。
(4) 正确定义咨询顾问的权责。

2. 明确顾问的招标方式

（1）引入方式：统一招标，分别派遣？独立招标？联合招标？国外公司的引入方式？

（2）咨询公司服务评价体系。

（3）计酬与付费方式。

（4）动态管理机制。

3. 咨询顾问与子公司共同工作模式

（1）PMO，FIDIC，EPC？

（2）顾问各项工作的管理方式。

（3）是否需求研究集团的咨询公司的使用与管理。

4. 形成成熟模式并推广

如何通过构建可分析、可追溯的框架，达到经验总结积累，模式成熟的推广步骤。

第二篇

咨询顾问的业务协同

本篇主要围绕如何使用咨询顾问进行分析和总结，梳理了横向和纵向两个维度的工作关系，横向维度是第 4 章所列举的所有工程建设流程，纵向维度是第 5 章所描述的工程项目管理的措施与方法，第 6 章为本科研报告的核心，通过两个维度之间的交叉点，得出管理职能分配表，即咨询顾问在各环节中所起的作用。

第 4 章　工程建设流程

4.1　前期阶段

工程建设的前期阶段主要指的是在工程建设的初期,建设单位形成投资意向,通过对投资机会等的研究和决定,形成书面文件上报主管部门和发改委进行审批,审批通过后项目立项。全过程前期阶段主要包括编制项目建议书和可行性研究报告,并通过立项审批。

4.1.1　项目建议书

项目建议书由发改委实施审批。

1. 项目建议书

一般应包括以下几方面的内容:

(1) 项目立项的必要性和依据。
(2) 产品方案、拟建规模和建设地点的初步设想。
(3) 资源情况、建设条件、协作关系等的初步分析。
(4) 投资估算和资金筹措设想。
(5) 项目的进度安排。
(6) 经济效益和社会效益的估计。

2. 报送材料

符合编制要求的项目建议书、审批申请及有特殊规定必备的附件材料。

注:若建设单位具有编制项目建议书及可行性研究报告等的能力,可自行编制。如不具备自行编制能力,可先行实行监理招标及设计招标,委托具有编制能力及相关资格的监理单位或设计单位编制。监理及设计招标要及时备案。

4.1.2　办理《建设工程选址意见书》

办理《建设工程选址意见书》由规划局实施。

1. 通过招标拍卖挂牌方式取得国有土地使用权的建设项目,无关联审批项目的报送材料

(1) 书面申请(原件1份)。

(2)《国有土地使用权出让合同》(复印件1份,需核对原件)。

(3) 1∶500现状地形图(原件2份,附电子文档)。

2. 非招标拍卖挂牌方式取得国有土地使用权的建设项目,主办部门报送材料

(1) 书面申请(原件1份)。

(2) 土地权属证明(复印件1份,限在自有土地权属范围内申请建设的工程项目)。

(3) 1∶500现状地形图(原件2份,附电子文档)。

(4) 项目建议书批复文件或书面意见(原件1份,限政府投资项目。书面意见仅用于投资行政主管部门同意合并审批项目建议书与项目可行性研究报告的建设项目)。

(5) 相关协议(原件1份,限联建的建设项目)。

(6) 开发办批文及相关协议(原件1份,限转让的建设项目)。

(7) 开发资质证书(复印件1份)。

3. 非招标拍卖挂牌方式取得国有土地使用权的建设项目,协办部门报送材料

(1) 消防安全审查(限经批准的规划中未明确的易燃易爆建设项目)提交的材料:《建筑工程消防设计申报表》(原件1份);1∶500现状地形图(原件1份,火工生产及储存项目,还需提交反映周边2 000 m范围现状的1∶2 000地形图1份)。

(2) 地质灾害危险性评估审查(限经批准的规划中未做场地地质灾害评估的区域内的建设项目和已作区域性评估中属地质灾害易发区的建设项目)。地质灾害危险性评估报告内容一般包括:工程建设可能诱发、加剧地质灾害的可能性;工程建设本身可能遭受地质灾害危害的危险性;工程建设适宜性结论;采取防治措施的建议。

提交的材料:地质灾害危险性评估报告(原件1份);地质灾害危险性评估登记申请表或报告备案登记表(原件1份)。

(3) 建设用地预审(限需新征集体土地的建设项目)。提交的材料如下:

① 《建设项目用地预审表》(原件1份);

② 建设项目用地预审申请报告(原件1份,内容包括建设项目基本情况、选址情况、拟用地总规模和拟用地类型,项目需使用土地利用总体规划确定的城市建设用地范围外的农用地的,还应包括补充耕地初步方案);

③ 项目建议书批复文件或书面意见(1份,限政府投资项目,书面意见仅用于投资行政主管部门同意合并审批项目建议书与项目可行性研究报告的建设项目);

④ 标注有项目拟用地范围的1∶10 000乡镇土地利用总体规划图(1份,建设项目跨乡镇的,申请人应分别在建设项目所涉及各乡镇1∶10 000土地利用总体规划图上标注

拟用地范围。都市区范围内各区国土资源部门应无偿向申请人提供1∶10 000乡镇土地利用总体规划图底图供申请人复印)。

(4)国家安全审查(限位于市委、市政府、部队副军级以上机关、重要军事设施和要害部门周边500 m范围内)下列建设项目:①外国政府驻渝机构;②外商投资的建设项目(包括外商独资、中外合资两种情况)。

报送的材料:①《涉及国家安全事项的建设项目申报表(规划选址)》(原件1份);②1∶2 000地形图(原件1份,能反映建设项目及其周边500 m范围内现状)。

4.1.3 建设用地预审预报

建设用地预审预报,由国土资源局实施。

报送材料:

(1)《建设项目用地预审申请表》(原件1份)。

(2)建设项目用地预审申请报告(原件1份),内容包括建设项目基本情况、选址情况、拟用地总规模和拟用地类型,项目需使用土地利用总体规划确定的城市建设用地范围外的农用地的,还应包括补充耕地初步方案。

(3)属政府投资项目的,需提供项目建议书批复文件和项目可行性研究报告(1份,项目建议书与项目可行性研究报告合并审批的,只提供项目可行性研究报告文本)。

(4)区县(自治县、市)国土资源管理部门对建设项目用地的初审意见[1份,项目跨区的,应提供项目所涉及的各区县(自治县、市)国土资源管理部门的初审意见]。

(5)1∶500现状地形图(2份)。

4.1.4 环境影响评价文件报审

环境影响评价文件报审由环保局实施。

报送材料:

(1)《某市建设项目环境影响评价文件审批申请表》(原件2份)。

(2)环境影响登记表或由有资质的单位编制的环境影响报告表或环境影响报告书(原件2份,附相应电子文档)。

(3)评估机构关于环境影响报告书或环境影响报告表的技术评估报告(原件1份,建设项目填报环境影响登记表的,申请人不提供技术评估报告)。

4.1.5 建设场地地震安全性评价

建设场地地震安全性评价由地震局实施。

1. 必须进行建设场地地震安全性评价的建设项目

（1）抗震设防要求高于《中国地震烈度区划图》标定设防标准的重点工程、特殊工程和可能产生严重次生灾害的工程。

（2）位于地震烈度分界线两侧各 8 km 区域内的新建、改建、扩建工程。

（3）局部地质条件较复杂或者地震研究程度和资料详细程度较低的地区。

（4）占地面积较大或者跨越不同地质条件区域的新建城镇、大型厂矿、港湾、企业以及经济技术开发区。

2. 建设单位对场地地震安全性评价的管理程序

（1）建设单位持立项批准书和建设地址，征询地震主管部门意见，审定是否重做场地地震安全性评价工作和评价区域范围，并征询评价单位的资质。

（2）选择评价单位，签订评价合同。

（3）建设单位协助评价单位的工作。

（4）上报审批。

建设单位按合同收到《建设项目场地地震安全性评价报告》，须立即上报当地地震安全性评价委员会评审，经过评审通过的地震安全性评价报告送市地震局审核批准，确定抗震设防标准。建设单位最后收到的评价报告副本和审批副本转交设计单位，由设计单位进行抗震设计。

4.1.6 可行性研究报告

可行性研究报告由发展改革委实施

1. 可行性研究报告的基本内容

（1）项目提出的背景、投资的必要性和研究工作依据。

（2）需求预测及拟建规模、产品方案和发展方向的技术经济比较和分析。

（3）资源、原材料、燃料及公用设施情况。

（4）项目设计方案及协作配套工程。

（5）建厂条件与厂址方案。

（6）环境保护、防震、防洪等要求及其相应措施。

（7）企业组织、劳动定员和人员培训。

（8）建设工期和实施进度。

（9）投资估算和资金筹措方式。

（10）经济效益和社会效益。

2. 报送材料

除提交由有资质的单位编制的可行性研究报告及审批请示外，还需要提交以下附件材料作为审批前置要件：

（1）城市规划行政主管部门出具的规划选址意见书。

（2）建设用地预审报审材料（或国土房管部门已出具的建设项目用地预审意见或国有土地使用权出让合同）。

（3）环境影响评价文件报审材料。

（4）涉及国有资产或土地使用权出资的，须由有关部门出具确认文件。

（5）涉及特许经营的项目，需提供有权部门出具的批准意见。

（6）涉及拆迁安置的，需附拆迁安置方案审查意见。

（7）属联合建设的，需出具项目联合建设（或合资、合作）合同书。

（8）除市级和中央财政性资金外的建设资金已落实来源的有效证明文件，企业最新财务报表（包括资产负债表、损益表和现金流量表），对信贷资金需有商业银行分行以上机构出具的承贷意向书。

（9）其他特殊规定必备的材料（但主办部门不得以此为由要求申请人办理其他部门的许可、审批、备案手续）。

4.1.7 项目申请报告核准

项目申请报告核准由发改委实施。

1. 报送材料

除提交由有资质的单位编制的项目申请报告外，还需要提交以下附件材料作为核准前置要件：

（1）城市规划行政主管部门出具的规划选址意见书。

（2）建设用地预审报审材料（或国土房管部门已出具的建设项目用地预审意见或国有土地使用权出让合同）。

（3）环境影响评价文件报审材料。

（4）涉及国有资产或土地使用权出资的，须由有关部门出具确认文件。

（5）涉及特许经营的项目，需提供有权部门出具的批准意见。

（6）其他特殊规定必备的材料（但主办部门不得以此为由要求申请人办理其他部门的许可、审批、备案手续）。

2. 属外商投资项目的需增加提交的附件

（1）中外投资各方的企业注册证（营业执照）、商务登记证、最新企业财务报表（包括资产负债表、损益表和现金流量表)、开户银行出具的资金信用证明。

(2) 合资协议书、增资、购并项目的公司董事会决议。

(3) 涉及银行贷款的,由有关银行出具融资意向书。建设单位向市发改委另外提交材料申请立项。

4.1.8 立项

立项材料由发改委实施。

(1) 政府投资项目可行性研究报告及其审批请示或企业投资项目核准申请报告(可行性研究报告和项目申请报告须由合格的咨询机构编制)一式五份,并附相应的附件资料。

(2) 用地预审需提交的申请材料。

(3) 环境影响评价文件审查需提交的申请材料,项目申请单位提交申请应为书面形式,可采取当面送达或挂号邮寄送达的方式。

4.2 手续办理阶段

手续办理阶段的内容包括为勘察、设计、施工创造条件所做的建设现场、建设队伍、建设设备等方面的准备工作。具体包括报建,委托规划、设计,获取土地使用权,拆迁、安置,工程发包与承包等。

4.2.1 办理报建备案手续(由发改委实施)

建筑工程立项后,建设单位应向建筑行政主管部门申请办理报建备案手续。建设单位可持已下达的立项批文,到市建委领取《工程项目报建申请表》《工程项目管理资质申报表》《基建手续鉴证表》,按要求填写后,连同工程技术管理人员职称证件(复印件)到市建委办理建设单位资质审查及报建登记手续。

报建申报材料:

(1)《工程项目报建申请表》。

(2) 立项文件。

(3) 建设用地批准文件。

(4) 资信证明。

(5) 投资许可证。

建设单位必须在报建后开工前向受理报建的建设行政主管部门申请办理工程项目

建设管理单位资格审批手续,领取工程项目建设管理单位资格审查批准通知书。建设单位在办理完毕工程报建备案后即可在招标办通过招投标确定监理队伍。

4.2.2 办理《建设用地规划许可证》

办理《建设用地规划许可证》由规划局实施。

建设单位应按照规划局提出的规划设计条件委托规划设计院编制规划设计总图,然后报市规划局审核规划设计总图。规划局可据此核定用地面积,确定用地红线范围,发给建设单位《建设用地规划许可证》。

建设单位在办理了《建设用地规划许可证》后,下步可向市国土房管局申请土地开发使用权,办理拆迁安置工作。到招标办通过招投标确定勘察、设计单位。

4.2.3 申请土地开发使用权

申请土地开发使用权由国土资源局实施。

建设单位申请用地环节行政审批,应到建设项目所在地的区国土房管部门递交申请。依法属市国土房管局或其上级行政机关审批权限的,由区国土房管部门受理后在规定的时间内将初步审查意见连同全部申请材料逐级上报。单独选址建设项目确需使用土地利用总体规划确定的城市建设用地范围外的土地,涉及农用地的,应申请办理单独选址项目新增建设用地审批。

1. 单独选址项目新增建设用地审批程序及要求办理的内容

(1) 建设单位持建设项目有关材料,向区土地行政主管部门提出建设用地申请。

(2) 区土地行政主管部门按照国家和我市有关规定进行审查,符合条件的,拟定农用地转用方案、补充耕地方案、征收土地方案和供地方案,经区人民政府审核同意后,逐级上报有批准权的人民政府批准。

(3) 农用地转用方案、补充耕地方案、征收土地方案和供地方案批准后,由所在地区人民政府按照批准的征收(转用)土地方案依法组织实施征地。征地补偿安置完成后,由市或区土地行政主管部门按照批准的供地方案向建设单位供地。其中,有偿使用国有土地的,建设单位应与土地行政主管部门签订国有土地有偿使用合同;划拨使用国有土地的,由土地行政主管部门向建设单位核发国有土地划拨决定书。

2. 单独选址项目新增建设用地的审批由耕地保护二处主办,需提交材料:

(1) 新增建设用地申请表(原件1份)。

(2) 建设项目用地预审意见、地质灾害危险性评估审查意见(原件1份)。

(3) 征地预办文件(原件1份)。

(4) 项目审批、核准或备案文件,其中市以上重点工程和主城区用地 5 hm²、其他区县(市)用地 7 hm² 以上项目附项目可研(申请)报告批复(原件1份)。

(5) 涉及征(转)收林地的林业行政主管部门批准文件(原件1份)。

(6) 建设用地规划许可证及附件附图(复印件1份)。

(7) 土地勘测定界图和技术报告(原件1份)。

(8) 预缴的征地补偿安置资金划入土地行政主管部门征地专用账户的银行进账单(复印件1份)。

(9) 土地利用规划图(完整图)、土地利用现状分幅图(1∶10 000 蓝图)、地形图(高速公路、铁路等线型工程及大中型工程 1∶2 000 蓝图;其他项目报 1∶500 蓝图)、拟征地红线图(原件1份)。

3. 招标拍卖挂牌出让用地的审批

招标拍卖挂牌出让用地的审批由土地利用处、土地交易中心主办,需提交材料:

(1)《国有土地使用权竞买申请书》(原件3份)。

(2) 身份证明或工商营业执照副本(复印件3份)。

(3) 房地产开发资质(属房地产开发项目用地且事事前约定须具备房地产开发资质的)(复印件3份)。

(4) 银行资信证明(开户行出具并盖章,证实有无违法、违规的存贷款行为)(复印件3份)。

(5) 按公告要求提交的其他材料。

4. 国有土地划拨或协议出让用地的审批

国有土地划拨或协议出让用地的审批由土地利用处主办。

1) 申报材料

(1) 身份证明或工商营业执照(复印件3份)。

(2) 建设单位用地申请(原件3份)。

(3) 项目审批、核准或备案文件(原件/复印件3份)。

(4) 建设用地规划许可证及其附件、附图(含规划红线图和经城市规划行政主管部门批复的总平面布置蓝图或数字化图 1∶1 000—1∶500)(原件1份/复印件3份)。

(5) 地籍图(原件1份)。

(6) 实测地形蓝图或数字化图(1∶1 000—1∶500)(原件3份)。

2) 集资合作建房用地还应提供的材料

(1) 申请土地行政主管部门收回原土地使用权的申请(原件1份)。

(2) 国有土地使用权证(原件1份/复印件3份)。
(3) 房改部门关于集资合作建房的批准文件(原件1份/复印件3份)。
3) 经济适用房项目用地还应提供的材料
(1) 经济适用房项目批准文件(复印件1份)。
(2) 房地产开发资质证明(复印件1份)。

5. 建设项目压覆矿产资源的审批

建设项目压覆矿产资源的审批由矿产资源勘查储量处主办,需提交材料:
(1) 建设项目压覆矿产资源审查表(原件3份)。
(2) 建设项目审批、核准或备案文件(复印件3份)。
(3) 建设项目范围1∶500地形图(宗地面积10 hm^{2}以上或线型工程可提供1∶2 000或1∶10 000地形图,2份)。
(4) 建设项目压覆矿产储量申请登记表(原件3份)。
(5) 建设项目压覆矿产资源储量评估报告或压覆矿床证明材料。

4.2.3 拆迁、安置(各级政府拆迁主管部门实施)

建设单位在取得用地使用权后,向当地拆迁主管部门提出书面申请。拆迁主管部门对拆迁申请进行审查,批准拆迁的,房屋拆迁主管部门发给拆迁申请人《房屋拆迁许可证》,建设单位可据此组织实施拆迁。

申请领取房屋拆迁许可证需提交下列资料:
(1) 建设项目批准文件。
(2) 建设用地规划许可证。
(3) 国有土地使用权批准文件。
(4) 拆迁计划和拆迁方案。
(5) 办理存款业务的金融机构出具的拆迁补偿安置资金证明。

4.2.4 报审《建设工程规划设计方案》

报审《建设工程规划设计方案》由规划局实施。

建设单位在取得土地使用权后,根据市规划局提出的设计要求,委托建筑设计院编制设计方案。

《建设工程规划设计方案》的审查按以下条件实施:

1.《建设工程规划设计方案》的审查

申请人需向规划部门提交下列申请材料:

(1) 书面申请(原件1份)。

(2) 建设工程项目可行性研究报告审批文件或企业投资项目核准文件(原件1份,限需投资行政主管部门审批、核准的建设项目。如申请人认为项目属投资行政主管部门备案类项目,而规划部门把握不准的,可要求申请人提供投资行政主管部门的备案文件)。

(3) 建设工程规划设计方案(2份,含室外综合管网设计)。

(4) 彩色渲染图和建筑模型等(1套,限重要地段、重要节点及大型建设项目)。

2.《建设工程规划设计方案》的审查

《建设工程规划设计方案》的审查,申请人需向协办部门提交下列申请材料:

(1) 涉及消防事项的审查:《建筑工程消防设计申报表》(原件1份,须加盖申请单位印章),建设工程规划设计方案(2份),设计单位消防自审小组自审意见书(原件1份)。

(2) 涉及园林绿地指标事项的审查:建设工程规划设计方案(1份,附电子文档);1∶500绿化现状图(1份);建设工程项目配套绿地布置总平面图及说明(2份,附电子文档)。

(3) 涉及防空地下室设置事项的审查(涉及民用建筑配套建设防空地下室的建设项目):《民用建筑配套建设防空地下室申请书》(1份);建设工程规划设计方案(1份,附电子文档)。

(4) 涉及市政公用设施安全事项的审查(涉及危及市政公用设施安全的建设项目):建设工程规划设计方案(2份,附电子文档);建设项目对市政设施安全影响技术报告(1份,由申请人自行编制或由工程的设计单位编制,无固定格式)。

(5) 涉及国家安全事项的审查(限两类建设项目:①选址阶段进行了国家安全审查的建设项目;②机场、出入境口岸、码头、邮政枢纽、电信枢纽、海关)。《涉及国家安全事项的建设项目申报表(规划设计方案审查)》(原件1份),建设工程规划设计方案(1份,附电子文档),建设工程弱电系统设计图说(1份,附电子文档)。

(6) 涉及河道管理事项的审查(限河道管理范围内的建设项目):建设工程规划设计方案(2份),建设工程涉及河道部分工程设计方案(2份),具有水利水电勘察设计或研究资质的单位编制的防洪评价报告(原件1份,限长江、嘉陵江、黄河等两岸50年一遇洪水位以下20区域内修建的建设项目、涉及封盖、改造次级河流及其他自然水域的建设项目,同时附专家评审意见)。

(7) 涉及机场空域安全管理事项的审查(限机场规划用地范围内的建设项目及机场净空保护范围内危及飞行安全的建设项目):①机场规划用地范围的建设项目建设工程规划设计方案(2份,含建设项目最高点坐标及其海拔高度);②机场净空保护范围内危及飞行安全的建设项目建设工程规划设计方案(1份,含建设项目室外地坪海拔高度、建构筑物净高度和无线电发射设备、有线传输设备、高压供电线路及工业高频炉等电磁辐射设备的情况)。

(8) 涉及无线电管理事项的审查(限涉及总体规划确定的微波通廊的建设项目;大型地球站、大型无线电收发信台站、广播电视发射塔等建设项目):①涉及总体规划确定的微波通廊的建设项目建设工程规划设计方案(2份,含经纬度、最高点海拔高度);②大型地球站、大型无线电收发信台站、广播电视发射塔等建设项目。

报送材料:《设置无线电台站申请表》(2份);建设工程规划设计方案(2份,含经纬度、最高点海拔高度);无线电台(网)设计方案(2份)。

(9) 涉及电力保护事项的审查(限在(已)建、在建电力设施保护范围和保护区内的建设项目;法律、法规规定与电力设施应保持足够距离范围内建设易燃易爆、通信设施、军事设施、机场、领(导)航台、污染源等建设项目)。

建设工程规划设计方案(1份)。

(10) 环境影响评价文件审查(限投资行政主管部门审批、核准之外的建设项目):

① 《某市建设项目环境影响评价文件审批申请表》(原件2份);

② 环境影响登记表或由具有资质的单位编制的环境影响报告表或环境影响报告书(原件2份,附电子文档);

③ 评估机构关于环境影响报告书或环境影响报告表的技术评估报告(原件1份,建设项目填报环境影响登记表的,申请人不提供技术评估报告)。

(11) 建设行政主管部门的规划设计方案审查(限重大市政公用设施工程项目):建设工程规划设计方案(2份)。

(12) 涉及文物保护事项的审查(限需原址保护的建设项目、在文物保护单位保护范围和建设控制地带内进行的建设项目)建设工程规划设计方案(2份)。

(13) 使用港口岸线的审批(限需使用港口岸线的建设项目):设置港口设施(趸船)的所有权证、船检证书(复印件各1份),建设工程规划设计方案(2份,只需总平面图)。

4.2.5 初步设计审批

初步设计审批由发改委实施。

办理建设工程初步设计审批,申请人应先将初步设计图纸提交主办部门预审,主办部门收件后,应向申请人出具申请材料接收凭证,并自收件之日起10日内出具合格或需要修改的预审意见;出具需要修改的预审意见的,主办部门应一次告知当事人需要修改的全部内容。申请人应按照主办部门的修改意见对初步设计图进行完善,直至预审合格。预审合格后,再向主办部门提交初步设计审批申请材料。

报送材料主要有如下几方面的内容。

1. 主办部门所需申请材料

(1) 初步设计审查申请表。

(2) 初步设计图纸(经主办部门预审合格,下同)。

(3) 规划设计条件通知书及红线图。

(4) 建设工程规划用地许可证及其附件。

(5) 工程勘察报告(初步勘察深度以上)及其质量审查合格意见。

(6) 依法应当招标的勘察设计项目,应提供招标情况备案书。

(7) 投资行政主管部门的审批、核准或备案文件。

(8) 勘察设计合同。

2. 公安消防部门所需申请材料

(1) 建筑消防设计防火审核申报表。

(2) 初步设计图纸(结构专业图说除外)。

3. 园林部门所需申请材料

初步设计总平面图、绿化布置图,有建筑屋顶或平台绿化的还需提供建筑专业图纸。

4. 气象部门所需申请材料

气象部门所需申请材料为初步设计总平面图、建筑及电气专业图纸。防雷装置设计审核申请材料包括:

(1) 建筑设计说明;

(2) 防雷平面图;

(3) 电气设计说明;

(4) 结构设计说明;

(5) 建筑物正立面图;

(6) 电路总平面图;

(7) 防雷产品的相关资料及备案手续。

5. 人防部门所需申请材料

人防部门所需申请材料为防空地下室初步设计图纸。具体为:

(1) 防空地下室初步设计依据及说明。

(2) 建设项目总平面布置图及地面建筑平面图、立面图、剖面图。

(3) 防空地下室建筑平面图、立面图、剖面图。

(4) 防空地下室主体结构形式、构件尺寸和防护专业设备图。

(5) 防空地下室通风(空调)、给水排水、电气专业平时和战时布置图(含系统原理图)。

(6) 防空地下室建筑、结构、通风(空调)、给水排水、电气平战功能转换措施图。

(7) 防空地下室主要设备、材料表。

6. 市政部门要求的申请材料

市政部门要求的申请材料为初步设计图纸。

7. 交通部门所需申请材料

交通部门所需申请材料为初步设计总平面图,涉及交通设施部分的工程的初步设计平面图、立面图、剖面图及说明。

申请人提交上述材料时,应按部门分类成套提供。主办部门不得要求申请人自行到协办部门提交申请材料,协办部门不得在主办部门之外另行单独接收申请材料。

4.2.6 项目初步设计概算审批(由建委实施)

附报送由有资质的单位编制的项目总投资概算报告及审批申请外,还需提交以下附件:

(1) 具有相应资质的设计单位所完成的项目初步设计全套图纸及设计说明书;

(2) 设计单位或具有相应概预算编制资质单位的项目投资概算表;

(3) 其他特殊规定必备的材料(但不得以此为由要求申请人办理其他部门的许可、审批、备案手续)。

4.2.7 施工图设计审批

施工图设计审批由建委实施。

初步设计审查通过后,建设单位委托设计院进行施工图设计,并将施工图报市建委审批,然后由市规划局发建筑核位红线。施工图设计审批通过后,建设单位同时办理公安消防、园林、气象、人防、市政、交通等部门的手续,可到招标办组织办理材料、设备供应商的招投标手续,并向财政交纳相关建设费用。

申请人提交下列申请材料后,由规划部门单独审批:

(1) 书面申请(原件1份)。

(2) 施工图(2份,附电子文档,建筑工程限于建施图)。

(3) 土地权属证件(复印件1份)。

(4) 建设工程初步设计批准文件(原件1份,限政府投资项目,以及非政府投资项目中的大、中型建设项目)。

(5) 年度计划文件(原件1份,国家或市政府规定需要年度计划的建设项目)。

(6) 高切坡、深开挖的论证意见(原件1份,涉及高切坡、深开挖的建设项目)。

4.2.8 建设单位招投标

建设单位招投标由工程招投标办实施。施工发包前,建设单位应当持立项批准文件等有关材料申请办理建设工程发包方式备案手续。

1. 提交资料目录

(1) 建设工程发包方式备案表(原件1份)。

(2) 建设工程立项批复或备案手续(复印件1份)。

(3) 建设工程规划许可证(复印件3份)。

(4) 满足施工要求的建设资金证明材料(复印件1份)。

(5) 施工图设计文件审查备案书(复印件2份)。

注:1. 邀请招标或直接发包还应提供邀请招标备案表或直接发包备案表;

2. 提交复印件时还应提供原件。

采用公开招标方式的,招标公告应当在"中国工程建设信息网"的分网站"某市建设工程信息网"(www.cqjsxx.com)上发布,也可以同时在依法指定的报刊、信息网络或者其他媒介上发布,在不同媒介上发布的招标公告内容应一致,发布时限应不少于3个工作日。

2. 工程案例

以某市沙坪坝区为例,招投标按如下方式进行:

(1) 报建(区政府行政审批服务大厅)。需要的资料有:

①建设项目立项批复;②建设工程规划许可证;③资信证明;④施工图设计文件审查备案书。

(2) 确认招标方式。

(3) 不同招标方式的流程表如下:

① 邀请招标《某市建设工程报建表》《某市建设工程施工招标申请表》《某市建设工程邀请招标备案表》《某市建设工程施工招标机构资格备案表》或《自行招标备案表》《某市建设工程招标文书及招标文件备案表》。

② 公开招标《某市建设工程报建表》《某市建设工程施工招标申请表》《某市建设工程

施工招标公告或投标邀请书》《某市建设工程施工招标机构资格备案表》或《自行招标备案表》《某市建设工程招标文书及招标文件备案表》。

③ 直接发包《某市建设工程报建表》《某市建设工程施工招标申请表》《某市沙坪坝区建设工程直接发包备案表》。

(4) 由区建委将邀请招标或直接发包的项目报区政府审批。

(5) 建设单位或招标代理机构编制招标文件(直接发包的除外),报区招标办备案。

(6) 按招标文件要求进行资格预审、答疑等。

(7) 开标:发出招标文件20个工作日后方可进行开标。(在市建设工程交易中心交易大厅)。

(8) 中标结果公示(2个工作日)。

(9) 发出《某市建设工程施工招标投标情况备案意见书》(区政府报建大厅)。

(10) 由建设单位向中标单位发中标通知书。

(11) 签订施工合同(收到中标通知书后30日之内)。

(12) 缴费。主要由建设工程综合服务费、工程定额测定费、建设工程质量监督费组成。

4.2.9　办理质量监督及安全监督

办理质量监督及安全监督由质监站和安监站实施。

1. 办理质量监督登记注册所需材料

(1) 施工、监理单位中标通知书。

(2) 施工图审查报告和批准书。

(3) 施工合同。

(4) 监理合同。

(5) 建设工程质量监督登记表(质监1-2)。

2. 办理建筑工程安全报监材料

(1) 建筑施工安全监督书。

(2) 工程中标通知书。

(3) 工程施工合同。

(4) 建筑业企业安全资格证书。

(5) 施工人员意外伤害保险手续。

(6) 管理人员及特种作业人员安全上岗证。

(7) 安全生产、文明施工计划书。

4.2.10 办理建筑工程施工许可证

市重点建筑项目、国家和市批准立项的建设项目以及跨区、县(市)的大中型建设项目,由建设单位向市人民政府建设行政主管部门申请;其他建设项目由建设单位向项目所在地的区、县(市)人民政府建设行政主管部门申请。

1. 申请办理建筑工程施工许可证和申请开工具备的条件

申请办理建筑工程施工许可证和申请开工应当具备下列条件:

(1) 已经取得建设工程规划许可证。

(2) 已经办理建设用地批准手续。

(3) 已经取得固定资产投资许可证。

(4) 按照国家有关规定应当纳入投资计划的,已经列入年度计划,建设资金已经落实。

(5) 已经取得环境影响评价报告。

(6) 已经取得抗震审查合格通知书。

(7) 已经取得建筑工程消防审核意见书。

(8) 需要拆迁的,已经办理拆迁手续。

(9) 有满足施工需要的施工图纸及其他技术资料。

(10) 已经按规定办理招标手续,确定了施工企业并已签订合同。

(11) 已经办理工程质量和安全监督手续。

(12) 已经按规定缴纳前期工程有关税费。

(13) 法律、法规和规章规定的其他条件。

2. 办理施工许可证需报送的材料

(1) 填写施工许可申请表。

(2) 办理质监、安监手续。

(3) 签订文明施工合同(包括项目经理、施工员、质监员、安全员等关键岗位从业人员押证,施工现场从业人员名册)。

(4) 签订流动人口计划生育合同(附流动人口登记册)。

4.2.11 报送开工报告暨年投资计划申请文件

项目具备开工条件后,建设单位应按照项目建议书的申报程序向市发改委报送开工报告暨年度投资计划申请文件。

1. 开工报告的主要内容

项目初步设计批准的总规模和主要建设内容；项目初步设计批准的总投资和资金来源；项目当年需建设的规模和建设内容；项目当年需要的工程投资及资金构成；工程监理及重大建设项目招投标工作组织情况、书面报告。

2. 所需附件

（1）项目初步设计批复文件。

（2）项目资金来源中除市级以上财政性资金外的其他资金当年的到位情况证明。

（3）监理公司资信证明。

（4）招标范围、招标方式、招标组织形式及发包方案。

（5）其他特殊规定必备的材料。

4.3 施工前的准备阶段

建设单位为了保证项目施工顺利进行需从事相关的管理工作，可分为施工准备的管理和施工阶段的管理，其中在施工阶段的管理主要是监督，确保工程质量、造价、工期按合同实施。

4.3.1 建设单位项目部的组建

（1）建设单位项目管理机构的人员组建和工作职责落实、各项制度的完善。

（2）项目管理机构编制总体管理策划大纲，并由上级部门审核。

（3）建设单位项目办公临时设施地点的落实，采用搭设或租赁。

（4）建设单位办公设备的申请及购置。

4.3.2 施工现场准备

建设单位在取得"建设工程规划许可证"后需要落实的工作：

（1）建设单位项目部与参建各方进行沟通与协作，并负责参建各方的承包合同落实。

（2）进行场地接管并移交给施工单位。

（3）建设单位现场项目部组织施工单位进行临时设施搭设，为工程正式开工做好现场准备。工程开工之前，项目部负责监督施工单位进行现场的"五通一平"（水通、电通、路通、通信通、排污通、场地平整），并办理场地临时排水及施工路口手续的工作。

（4）提前做好现场雨水、污水、自来水接口位置的调查和确定，根据现场雨水、污水、自来水接口位置合理安排施工临建的雨水、污水排放,施工用水和生活用水接口位置,规划好现场地下管线位置和临时设施位置。现场临建搭设应进行总体规划、统一布置,减少资源的浪费,同时也方便管理。

4.3.3 办理开工前各项审批手续

根据上级部门及政府有关部门的规定及程序办理如下事项:
(1) 协助办理施工许可证和工程开工手续。
(2) 协助相关部门的其他工程报建工作。

4.3.4 主持图纸会审与答疑

图纸会审,由建设单位主持,监理单位参加,设计单位向施工单位进行设计技术交底以达到明确要求,彻底弄清设计意图,发现问题,消灭差错的目的。然后再由建设、监理单位、设计单位、施工单位共同对施工图进行会审,做出会审(审核)记录,最后共同签章生效。

4.3.5 总体施工组织设计审批

施工组织设计的审批在施工单位中标后,项目部应要求中标单位在进一步熟悉施工图及施工现场实际情况的基础上,有针对性地完善投标时报送的《施工组织设计》,并一式三份报监理单位、项目经理部及工程管理中心审查。三方审查完成后形成《施工组织设计审查意见表》并将审查意见表交施工单位。

4.3.6 测量与交桩

测量与交桩应做好如下工作:
(1) 建设单位项目部负责各单位的协调,并主持交桩会议。
(2) 在交桩过程中,设计单位应进行交桩资料准备、现场复测等准备工作。监理单位组织设计单位和施工单位现场交接桩,施工单位进行现场复测确认。复测采用的仪器设备应符合交桩精度要求。复测工作要做好记录并妥善保管。施工单位复测发现的问题,设计单位负责及时进行研究解决。对交接桩的意见发生分歧时,建设单位负责协调。
(3) 交桩所需资料:
① GPS 点坐标成果表。
② 控测导线桩坐标成果表。

③ 控测导线桩点之记。
④ 中线逐桩坐标表及坐标系统说明。
⑤ 水准点成果表、位置描述及系统说明。
⑥ 曲线表。

（4）施工用地测量及建筑物定位测量的复核：现场"五通一平"工作完成后，项目部应配合对地界平面和标高尺寸进行测量，与规划设计总平面尺寸进行核对是否相符，如有变化应及时提出。

4.3.7　管线交底

工程项目周边管线较为复杂，建设单位应组织各管线单位和施工单位进行管线交底，并由施工单位办理管线相关手续，其工作如下：

（1）建设单位项目部组织各管线单位和施工单位举行管线交底会。
（2）各所属管线单位与施工单位完成对接后建设单位应做好相应记录。
（3）如遇重要管线，施工单位应编制专项保护方案，审核后报建设单位备案。
（4）如遇重要管线需要变更设计的，需完成相应变更程序。

4.4　工程建设项目组织施工的管理

4.4.1　工程建设项目的进度控制

主要包括以下内容：

（1）所动用的人力和施工设备是否能满足完成计划工程量的需要。
（2）基本工作程序是否合理、实用。
（3）施工设备是否配套，规模和技术状态是否良好。
（4）如何规划大型机具、设备、材料运输通道。
（5）工人的工作能力如何。
（6）工作空间、风险分析。
（7）预留的清理现场时间，材料、劳动力的供应计划是否符合进度计划的要求。
（8）分包商选择与工程控制计划。
（9）临时工程施工计划。
（10）合同管理、技术资料管理、竣工、验收计划。
（11）可能影响进度的施工环境和技术问题。

4.4.2 工程建设项目的投资控制

投资控制指的是在工程建设的全过程中,根据项目的投资目标,对项目实行经常性的监控,针对影响项目投资的各种因素而采取一系列技术、经济、组织等措施,随时纠正投资发生的偏差,把项目投资的发生额控制在合同规定的限额内。

作为建设单位,应着重把握以下几方面的内容:

(1) 项目投资失控的原因。

(2) 工程建设投资控制的方法与步骤。

(3) 工程价款的结算。

(4) 工程变更的控制。

(5) 索赔的相关内容。

4.4.3 工程建设项目的质量控制

(1) 事前质量控制,即施工前准备阶段进行的质量控制。它是指在各工程对象正式施工开始前,对各项准备工作及影响质量的各因素和有关方面进行的质量控制。也就是对投入工程项目的资源和条件的质量控制。

(2) 事中质量控制,就是在施工过程中进行的质量控制。事中质量控制的策略是:全面控制施工过程,重点控制工序质量。

(3) 事后控制,就是指对于通过施工过程所完成的具有独立的功能和使用价值的最终产品(单位工程或工程项目)及其有关方面的质量进行控制。也就是对已完工程项目的质量检验、验收控制。

4.5 工程竣工验收备案与保修阶段

4.5.1 竣工验收及备案

工程竣工验收备案是验收环节的主办事项,由市建设行政主管部门(以下简称"主办部门")负责实施。

申请人申请办理主办事项,应向主办部门提出申请并同时提交下列申请材料。

1. 主办部门所需申请材料

(1)《建设工程竣工验收备案申请书》(必须注明联系人和电子邮件地址)。

(2)《建设工程竣工验收意见书》。

(3)《建设工程施工许可证》。

(4)《施工图设计文件审查报告》。

(5)《建设工程档案验收意见书》。

(6)《某市民用建筑节能工程竣工验收备案表》。

(7)施工单位出具的《工程竣工报告书》。

(8)监理单位出具的《工程质量评价报告》。

(9)勘察单位出具的《勘察文件质量检查报告》。

(10)设计单位出具的《设计文件质量检查报告》。

(11)施工单位出具的《工程质量保修书》。

(12)施工单位提供的建设单位已按合同支付工程款的证明。

(13)经房地产开发行政主管部门核定的《某市房地产开发建设项目手册》。

(14)商品房工程应提供《新建商品房使用说明书和质量保证书》。

(15)市政基础设施工程应提供有关质量检测和功能性试验资料。

(16)必须提供的其他材料(但主办部门不得以此为由要求申请人办理其他部门的许可、审批、备案手续)。

2. 城市规划部门所需申请材料

(1)建设工程竣工图(其中建筑工程只提交建施图)。

(2)具有相应资质的测绘单位测量绘制的1∶500建设工程竣工实测地形图;属市政管线工程的,提交经某市测绘产品质量监督站验收合格的管线竣工图和测量资料。

(3)具有相应资质的测绘单位编制的房屋竣工测量报告。

3. 公安消防部门所需申请材料

(1)各阶段审核意见书:初步设计消防审核意见书;施工图设计消防审核意见书(限2006年1月1日前消防部门已颁发施工图设计消防审核意见书的建设项目)。

(2)市建设行政主管部门认定的施工图审查机构出具的施工图审查合格报告。

(3)建筑工程消防安全质量验收报告表(附建设单位出具的《建设工程竣工验收消防质量合格承诺书》、设计单位出具的《建设工程施工图消防设计质量合格承诺书》、施工单位出具的《建设工程消防施工质量合格承诺书》、监理单位出具的《建设工程消防质量监理合格承诺书》)。

(4)填写《建筑工程消防验收申请表》,表上须加盖建设单位公章。

(5)消防工程施工企业资质等级证书,应注明"此件与原件核对无误",并加盖施工单位公章。

(6) 填写《消防产品选用清单》表格,并提供产品合格证明。

(7) 市建设行政主管部门认定的施工图审查机构审查合格的施工图。

(8) 经消防部门审核同意的施工图(限 2006 年 1 月 1 日前消防部门已审核同意施工图的建设项目,包括总平面图、标准层平面图及非标准层平面图、立面图、剖面图、消火栓及喷淋系统图、火灾自动报警系统图、防排烟系统图)。

从 2006 年 1 月 1 日起,消防部门不再审查建设项目施工图,也不再颁发施工图设计消防审核意见书。

4. 环保部门所需申请材料

环保部门所需申请材料根据建设项目的具体情况分为环保验收或环保预验收。

1) 环保验收

(1) 建设项目竣工环境保护验收申请表(根据建设项目的具体情况分为 4 种形式):

① 建设项目竣工环境保护验收和污染物排放申请表,适用于以污染物排放为主的建设项目;

② 建设项目竣工环境保护验收申请登记卡,适用于以生态影响为主、填写环境影响登记表的建设项目;

③ 建设项目竣工环境保护验收申请表,适用于以生态影响为主、编制环境影响报告表的建设项目;

④ 建设项目竣工环境保护验收申请报告,适用于以生态影响为主、编制环境影响报告书的建设项目。

(2) 有资质的监测机构或环评机构编制的建设项目竣工环境保护验收监测报告或验收调查报告(填写竣工环境保护验收申请登记卡的建设项目,申请人不提供此项申请材料)。

2) 环保预验收(试生产)

某市建设项目环保预验收(试生产)申请表。申请人提交上述材料时,应按部门分类成套提供。申请人不再单独向协办部门申请规划、消防、环保验收。主办部门不得要求申请人自行到协办部门办理审批手续,协办部门不得在主办部门之外另行单独接件。

4.5.2 市政设施移交

工程涉及市政设施的应根据类别及属性分别进行移交,建设单位在完成竣工验收、备案、移交、工程保修期过后即可完成整套项目工作流程。

1. 电力设施移交

电力设施移交包括路灯、电力电缆、配电箱、配电间等均应移交给当地的设施管理中心或路政部门,并由其负责今后的维修保养等工作。

2. 教育设施移交

综合房地产开发所包含的学校、图书馆等教育设施应移交给当地的教育局进行统一管理,并由其负责今后的维修和保养工作。

3. 道路、桥梁设施移交

道路、桥梁等根据用途和分类不同,其中公路移交给当地公路局下属管理单位,市政道路、管廊、桥梁等市政设施移交给当地市政管理部门,并由其负责今后的维修保养。

4. 水域设施移交

水域分为通航和非通航水域两大类,其中通航水域及两侧设施移交至当地航务主管部门并进行水域养护,非通航水域作为防洪需求,其水域及两侧设施移交至当地水务部门进行负责。

5. 其他设施移交

根据设施所属性质不同分别移交至当地相关部门,并由其负责今后的日常维修、保养等工作。

4.5.3 工程保修

(1) 工程保修期从工程竣工验收合格之日起计算。

(2) 工程在保修期限内出现质量缺陷,建设单位应当向施工单位发出保修通知。施工单位接到保修通知后,应当到现场核查情况,在保修书约定的时间内予以保修。发生涉及结构安全或者严重影响使用功能的紧急抢修事故,施工单位接到保修通知后,应当立即到达现场抢修。

(3) 发生涉及结构安全的质量缺陷,建设单位或者房屋建筑所有人应当立即向当地建设行政主管部门报告,采取安全防范措施;由原设计单位或者具有相应资质等级的设计单位提出保修方案,施工单位实施保修,原工程质量监督机构负责监督。

(4) 保修完成后,由建设单位或者房屋建筑所有人组织验收。涉及结构安全的,应当报当地建设行政主管部门备案。施工单位不按工程质量保修书约定保修的,建设单位可以另行委托其他单位保修,由原施工单位承担相应责任。

(5) 保修费用由质量缺陷的责任方承担。

第 5 章　业务协同模式分析

5.1　工程管理流程

建设工程施工项目管理是以施工项目为管理对象,以施工合同为依据,按施工项目的施工工艺流程,实现资源的优化配置和对各生产要素有效地进行计划、组织、指导、控制,取得最佳的经济效益的过程。施工项目管理的核心任务就是项目的目标控制,主要是"三控三管一协调",即投资控制、进度控制、质量控制、安全管理、合同管理、信息管理和组织协调。另外,核心任务也强调对全过程的风险管理,如图 5-1 所示。

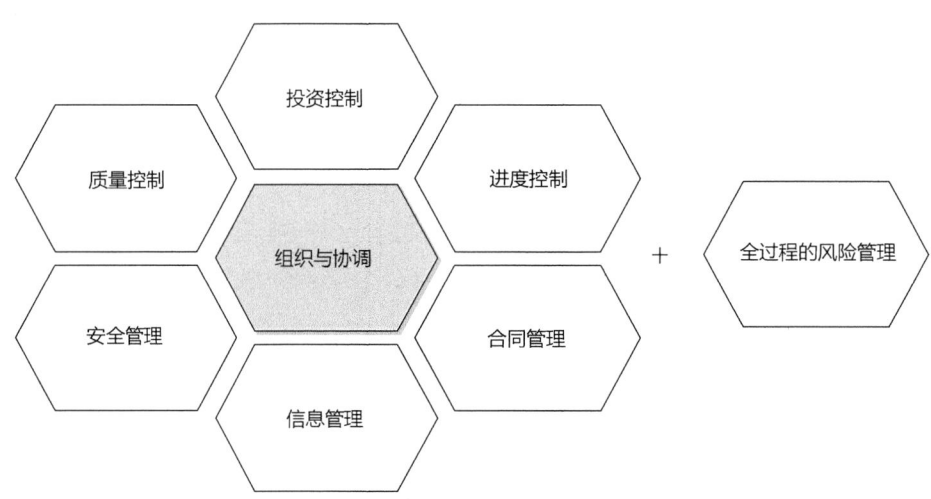

图 5-1　三控三管一协调＋全过程的风险管理

5.1.1　投资控制

1. 投资者投资控制

投资控制是从投资者的角度考虑成本的控制问题,主要是指在投资决策阶段、设计阶段、发包阶段和实施阶段,把工程项目投资的发生控制在批准的投资限额以内,随时纠正偏差,保证投资目标顺利实现,节约资源以取得较好的投资效益和社会效益。

从投资者的角度看,就是指在工程项目的设计准备阶段、设计阶段、施工阶段、动用准备阶段和保修阶段,以规划的计划投资为目标,通过相应的控制措施将工程项目投资的实际发生值控制在计划值范围以内的工程管理活动(图5-2)。

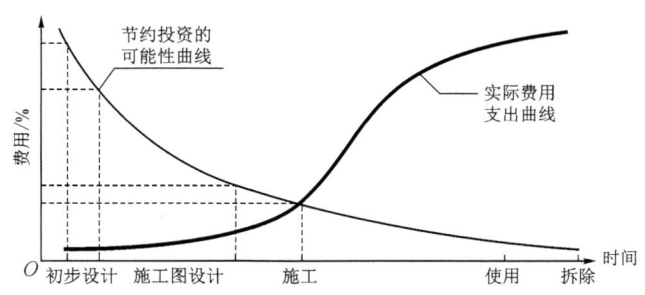

图 5-2 不同阶段的费用曲线图

1) 投资控制——限额设计方法

价值工程是以功能分析为核心,用最低的生命周期费用(成本)可靠地实现对象的必要功能的一项有组织的创造性活动。同一个工程可以有不同设计方案,也就有不同的投资费用,可以用价值工程进行设计方案比选。其目的在于论证拟采用的设计方案在技术上是否先进可行,功能上是否满足需要,经济上是否合理,使用上是否安全可靠。

要善于应用价值工程原理,以提高设计对象价值为目标,把功能分析作为核心,通过价值和功能分析将技术问题与经济问题紧密结合起来。

在设计阶段根据拟建项目的建设标准、功能和使用要求等,进行投资规划,对工程项目投资目标进行切块分解,将投资分配到各个单项工程、单位工程或分部工程;分配到各个专业设计工种,明确工程项目各组成部分和各个专业设计工种所分配的投资限额(图5-3)。

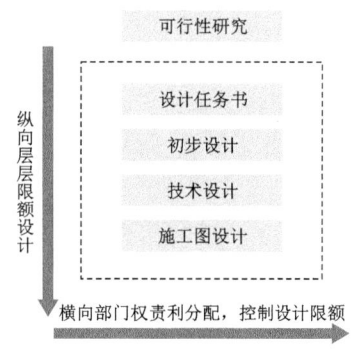

图 5-3 限额设计法图

2) 限额设计法步骤

(1) 对工程项目的投资目标进行切块分解。

(2) 将投资分配到工程项目各个组成部分中,明确工程项目各组成部分和各个专业设计工种所分配的投资限额。

(3) 在设计的过程中,要求设计人员严格按照分配的投资限额进行设计。

(4) 按批准的设计任务书及投资估算控制初步设计,按批准的初步设计总概算控制施工图设计,同时保证使用功能的前提下,控制专业限额设计,控制设计变更,确保设计不突破限额。

2. 项目管理方投资控制

项目管理投资控制是从项目管理的角度考察投资控制情况,通常指项目成本在形成过程中,对生产经营所消耗的资源和费用开支进行指导、监督、调节和限制,及时纠正偏差,把各项费用控制在计划之内,保证成本目标的实施(图5-4)。

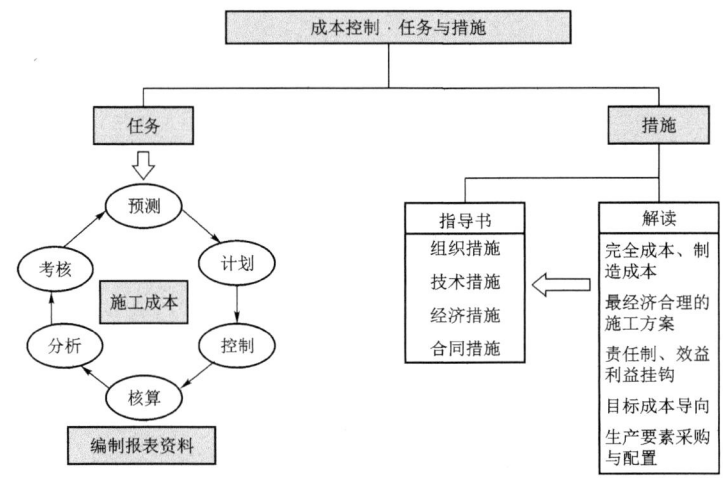

图 5-4 投资控制任务与措施图

一旦合同签订,确定了合同计价方式、合同价与结算方式,项目投资控制工作主要由承包商负责。承包商根据合同价剔除利润和企业费用,将其余部分作为成本目标并连同合同责任下达转移到施工项目部,形成施工投资控制的目标。

1)投资控制方法

投资控制曲线图如图5-5所示。

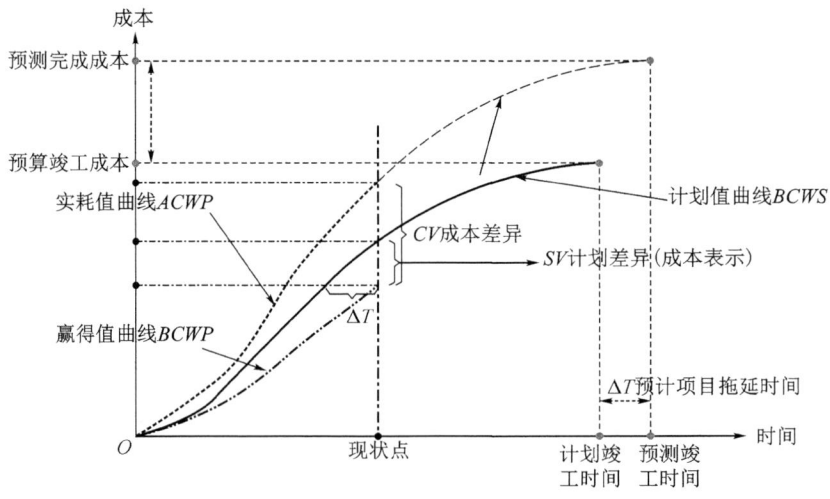

图 5-5 投资控制曲线图

成本差异 CV 能对该期间内完成的任务所消耗的费用(或资源)值是低于还是超过预算给出定量的反映,当 CV 为负值时,表示费用超支。

计划差异 SV 能对该期间内任务完成量是按进度提前还是拖延作出定量反映,当 SV 为负值时,表示进度落后。

CV 只能表示费用的偏差,而不能提供反映项目进度完成情况;SV 只能表示实际进度与计划进度的偏差,有没有反映成本。

当 $CPI=1$ 时,表示与预算相符;当 $CPI>1$ 时,表示低于预算,工作效果好;当 $CPI<1$ 时,表示预算超支,工作效果差。

当 $SPI=1$ 时,表示与计划进度相符,工作正常;当 $SPI>1$ 时,表示进度提前,工作效果好;当 $SPI<1$ 时,表示进度落后,工作效果差。

2) 因素分析法

用因素分析法不仅可以确定实际和计划的差异,而且可确定差异影响因素以及它们各自的影响份额。采用连环置换的方式进行计算,用来分析各种因素对成本的影响程度。

(1) 确定分析对象,并计算出实际值与目标数的差异。

(2) 确定该指标是由哪几个因素组成的,并按其相互关系进行排序(排序规则:先实物量,后价值量;先绝对值,后相对值)。

(3) 以目标数为基础,将各因素的目标数相乘,作为分析替代的基数。

(4) 将各因素的实际值按照上面的排列顺序替换计算,并将替换后的实际值保留下来。

(5) 将每次替换计算所得结果,与前一次的计算结果相比较,二者的差异即为该因素对成本的影响程度。

(6) 各因素的影响程度之和,应与分析对象的总差异相等。

5.1.2 进度控制

进度通常是指工程项目实施结果的进展情况。工程项目的进度控制是指根据工程项目各阶段的工作内容、工作程序、持续时间和衔接关系来编制计划,将该计划付诸实施,在实施过程中经常检查实际进度是否按计划要求进行,对出现的偏差分析原因,采取补救措施或调整、修改原计划,直至工程竣工,交付使用。进度控制的最终目的是确保项目进度目标的实现,工程项目进度控制的总目标是项目的工期。

工程项目建设环境复杂,许多不确定因素都可能对项目实施造成影响,使实际进度偏离计划进度。为实现工期目标,进度控制需要完成一系列的工作:根据各工序的持续时间和相互间的关系,制订合理的进度计划;在工程实施过程中,及时根据各不确定性因素对工程实施的影响,检查记录实际进度;分析实际进度与计划进度的关系,当出现进度拖延时,分析进度拖延的原因,并采取应对措施,以实现进度控制的目标。总之,进度控制是一个为实现工期目标而进行计划、检查、调整等一系列动态调整的活动的过程。

工程项目进度控制循环过程图如图 5-6 所示。

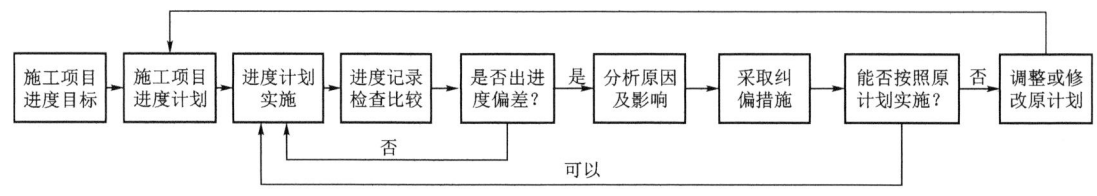

图 5-6 进度控制循环过程图

5.1.2.1 工程项目进度控制的主体及内容

工程项目的参与者众多,建设单位、咨询机构、勘察设计单位、监理单位、施工单位和材料、设备供应商都在不同程度上影响着工程项目的进度。其中,监理单位、施工单位与进度控制工作的关系最密切。二者根据各自在工程项目中扮演的角色不同,承担相应的进度控制职责,是工程项目进度控制的主体。

1. 监理单位的进度控制内容

(1)在设计前的准备阶段,向建设单位提供有关工期的信息和咨询,协助其进行工期目标和进度控制决策。

(2)通过环境和施工现场调查和分析,编制项目进度规划和总进度计划,编制设计前准备工作详细计划并控制执行。

(3)发出开工通知书。

(4)审核总承包单位、设计单位、分包单位及供应单位的进度控制计划,并在其实施过程中,通过履行监理职责,监督、检查、控制、协调各项进度计划的实施情况。

(5)通过核准、审批设计单位和施工单位的进度付款,对其进度实行动态控制,并妥善处理进度索赔。

2. 施工单位的进度控制内容

(1)根据合同工期目标,编制施工准备工作计划、施工方案、项目施工总进度计划和单位工程施工进度计划,以确定工作内容、工作顺序、起止时间和衔接关系,为实施进度控制提供依据。

(2)编制月(旬)作业计划和施工任务书,做好进度记录以掌握施工实际情况,加强调度工作以促进进度的动态平衡,从而促进计划的实施以取得成效。

(3)采用实际进度与计划进度对比的方法,以定期检查为主,应急检查为辅,对进度实施跟踪控制。实行进度控制报告制度,在每次检查之后,写出进度控制报告,提供给建设单位、监理单位和企业领导作进度控制参考。

(4)监督并协助分包单位实施其承包范围内的进度控制。

(5)对项目及阶段进度控制目标的完成情况、进度控制中的经验和问题做出总结分析,积累进度控制信息,使进度水平不断提高。

(6)接受监理单位的施工进度控制监理。

在建设工程项目中,对进度控制实施有效的管理,对于保证工程建设的质量和效率来讲都有重大的意义。在项目目标实施的过程中,为使工程建设的实际进度与计划进度要求相一致,使工程项目按照预定的时间完成及交付使用而开展的控制活动。在工程项目建设过程中,工程项目的实际进度往往不能按计划进度实现,实际进度与计划进度常常存在一定的偏差,有时候甚至会出现相当程度的滞后。这是由于本项工程项目建设具有庞大、复杂、周期长等特点,工程施工进度无论在主观或客观上都受到诸多因素的制约。现就如何采取措施加强对施工单位工程进度控制管理提出一些要求和措施。

5.1.2.2 合同措施

施工合同是建设单位与施工单位订立的,用来明确责任、权利关系的具有法律效力的协议文件,是运用市场经济体制组织项目实施的基本手段。建设单位根据施工合同要求施工单位在合同工期内完成工程建设任务,并以施工单位实际完成工程量(符合设计图纸及质量要求的)为依据按施工合同约定的方式、比例支付工程款。因此,合同措施是建设单位进行目标控制的重要手段,是确保目标控制得以顺利实施的有效措施。

1. 合同工期的确定

一般来说,合同工期主要受建设单位的要求工期、工程规模的定额工期以及投标价格的影响。工程招投标时,由于工程项目工期紧迫,建设单位通常不采用定额工期而根据自身的现实需要提出要求工期,并由此限定投标工期,只从价格上选择相对低价者中标。多数施工单位为了实现中标这一首要任务,忽视工程造价与合同工期之间的辩证关系,致使在工程实施过程中,由于工程报价过低,在要求增加人力、机械设备时显得困难,制约了工程进度,不能在合同工期内完成。因此,要求工期的科学合理和允许投标工期在平衡投标报价中发挥作用,将有利于减小建设单位在进度目标控制中存在的风险。在本项目中,可考虑如下招投标中标评选方案:

(1)按照有关法规规定合同工期一般不应低于工程定额工期的80%,建设单位可根据工程定额工期及此范围确定合理的要求工期并作为标底内容。

(2) 选取投标工期最接近要求工期的若干家投标单位入围（投标工期一致时以价低者优先）。

(3) 根据投标工期与要求工期的差距，对投标报价进行增减换算，投标工期相对短的投标报价按比例抬高，投标工期相对长的投标报价按比例降低。

(4) 对换算后的投标报价进行相对合理低价比选，即以换算后若干家投标报价的算术平均值为标准，以最接近此值者中标。

经过两次比选，投标工期过长的难以入围，而投标工期明显偏短的其投标价格会因为换算后被抬高而不易中标，促使投标单位在投标价格和投标工期上进行合理优化。

2. 工程款支付的合同控制

工程进度控制与工程款的合同支付方式密不可分，工程进度款既是对施工单位履约程度的量化，又是推进项目运转的动力。工程进度控制要牢牢把握这一关键，并在合同约定支付方式中加以体现，确保阶段性进度目标的顺利实现。如合同文本对工程进度款支付的约定方式通常为按每月完成工程量计量，可调整为按形象进度计量，即将工程项目总体目标分解为若干个阶段性目标，在每一阶段完成并验收合格后根据投标预算中该阶段的造价支付进度款。这样不但使工程进度款的支付准确明了，更重要的是提高了施工单位的主观能动性，使其主动优化施工组织和进度计划，避免做到哪算哪、做多少算多少的情况出现。

3. 合同工期延期的控制

合同工期延期一般是由于建设单位、工程变更、不可抗力等原因造成的；而工期延误是施工单位组织不力或因管理不善等原因造成的，二者概念不同。因此，合同约定中应明确合同工期顺延的申报条件和许可条件，即导致工期拖延的原因不是施工单位自身的原因引起的，例如，施工场地条件的变更，建设、合同文件的缺陷，由于建设单位或设计单位图纸变更原因造成的临时停工、工期耽搁，由业主供应的材料、设备推迟到货，影响施工的不可抗力等。上述原因造成的工期拖延是申请合同工期延期的首要条件，但并非一定可以获得批准。在工程进度控制中还要判断延期事件是否处于施工进度计划的关键线路上，才能获得合同工期延期的批准。若延期事件是发生在非关键线路上，且延长的时间未超过总时差时，例如屋面防水层的设计变更发生在工程结构施工阶段，工期延期申请是不能获得批准的。此外，合同工期延期的批准还必须符合实际情况和注意时效性。通常约定为在延期事件发生后 14 天内向建设单位代表或监理工程师提出申请，并递交详细报告，否则申请无效。

5.1.2.3 经济措施

要促使事物朝有利的方向发展，无论什么时间，经济杠杆都是行之有效的重要手段之一,工程项目进度控制也不例外。建设工程项目进度控制的经济措施涉及资金需求计划、资金供应的条件和经济激励措施等。

1. 强调工期违约责任

建设单位要想取得好的工程进度控制效果,实现工期目标,必须突出强调施工单位的工期违约责任,并且形成具体措施在进度控制过程中对企图拖延、蒙混工期的施工单位起到震慑作用。如根据审定的工程进度计划对照形象进度,属施工单位原因超过计划时间点未能完成形象进度的,以合同价款的若干比例按每延误一日向建设单位支付工期违约金,并在工程进度款支付中实际体现。施工单位在下一阶段目标或合同工期内赶上进度计划的可予以退还违约金;否则,建设单位将继续扣留或累计扣罚违约金,违约金支付上限不超过法规规定的合同总价款的5%。

2. 引入奖罚结合的激励机制

长期以来,在实现工程进度控制目标的巨大压力下,针对施工单位合同工期的约束大多只采取"罚"字诀,但效果并不明显。从根本上讲,建设单位的初衷是如期完工而不在于"罚",某些工程项目施工单位在考虑赶工投入的施工成本后会得出情愿受罚的结论,原因是违约金上限不能超过合同总价款的5%,这与增加人员投入、材料周转的费用相接近,且拖延工期直接降低了一定的施工成本。所以,工程进度控制只采用罚的办法是比较被动的,而采取奖罚结合的办法可以引导施工单位变被动为主动。施工单位在合同工期内提前完工奖励的幅度可以约定为一个具体数值或与违约金支付的比例相当。由于奖励比惩罚的作用更大,争创品牌的施工单位自然会积极配合建设单位的进度控制,尽可能为此荣誉而努力,也有利于促成双方诚信合作的良性循环。

5.1.2.4 组织措施

组织协调是实现进度控制的有效措施。为有效控制工程项目的进度,必须处理好参建各方工作中存在的问题,建立协调的工作关系,通过明确各方的职责、权利和工作考核标准,充分调动和发挥各方工作的积极性、创造性及潜在能力。在项目组织结构中应有专门的工作部门和符合进度控制岗位资格的专人负责进度控制工作。进度控制的主要工作环节包括进度目标的分析和论证、编制进度计划、定期跟踪进度计划的执行情况、采取纠偏措施以及调整进度计划。这些工作任务和相应的管理职能应在项目管理组织设计的任务分工表和管理职能分工表中标注并落实。编制项目进度控制的工作流程,因进度控制工作包含了大量的组织和协调工作,应进行有关进度控制的会议组织设计。

(1)组织是目标能否实现的决定性因素,因此,为实现项目的进度目标,应充分重视健全项目管理的组织体系。

(2)在项目组织结构中应由专门的工作部门和符合进度控制岗位资格的专人负责进

度控制工作。

（3）进度控制的主要工作环节包括进度目标的分析和论证、编制进度计划、定期跟踪进度计划的执行情况、采取纠偏措施以及调整进度计划。这些工作任务和相应的管理职能应在项目管理组织设计的任务分工表和管理职能分工表中标注并落实。

（4）应编制施工进度控制的工作流程，如定义施工进度计划系统（由多个相互关联的施工进度计划组成的系统）的组成；各类进度计划的编制程序、审批程序和计划调整程序等。

（5）进度控制工作包含了大量的组织和协调工作，而会议是组织和协调的重要手段，应进行有关进度控制会议的组织设计，应明确：

① 会议的类型；

② 各类会议的主持人和参加单位及人员；

③ 各类会议的召开时间；

④ 各类会议文件的整理、分发和确认等。

（6）突出工作重心，强调责任。对于参建单位来说，工程项目的三大控制目标都同等重要，但是如果各方对三大控制目标都使用均等的力度来抓就有可能出现顾此失彼的问题。在实践中，比较理想的方案是施工单位、监理单位和建设单位，分别以进度、质量和投资控制作为工作重点，三者并非各自独立，而是强调其主要责任使其有机结合。就进度控制来说，施工单位的主要职责是根据合同工期编制和执行施工进度计划，并在监理单位监督下确保工程质量合格，如造成工期拖延，建设单位和监理单位有权要求其增加人力、物力的投入并承担损失和责任。

5.1.2.5 管理措施

施工单位工程项目部是建设项目进度实施的主体，建设单位进度控制的现场协调离不开工程项目部人员的积极配合。因此，工程项目部组成人员的素质尤为重要。建设单位应当要求工程项目部的人员配备与招投标文件相符，主动加强与工程项目部人员的相互沟通，了解其技术管理水平和能力，正确引导其自觉地为实现目标控制而努力。在工程项目部消极应付、不积极配合工作的情况下，建设单位现场管理人员有权对工程项目部组成人员的调整提出意见。建设工程项目进度控制的管理措施涉及管理的思想方法和手段以及承发包模式、合同管理和风险管理等。用网络计划的方法编制进度计划有利于实现进度控制的科学化。承发包模式的选择直接关系到项目实施的组织和协调。工程物资的采购模式对进度也有直接的影响。还应注意分析影响项目进度的风险，重视信息技术（包括相应的软件、局域网、互联网以及数据处理设备）在进度控制中的应用。同时，建设单位还可以敦促施工单位对工程项目部从进度、质量、资金等方面进行监督检查管理。

（1）施工进度控制的管理措施涉及管理的思想、管理的方法、管理的手段，承发包模式、合同管理和风险管理等。在理顺组织的前提下，科学和严谨的管理十分重要。

（2）施工进度控制在管理观念方面存在的主要问题是：

① 缺乏进度计划系统的观念——往往分别编制各种独立而互不关联的计划，这样就形成不了计划系统。

② 缺乏动态控制的观念——只重视计划的编制，而不重视及时地进行计划的动态调整。

③ 缺乏进度计划多方案比较和选优的观念——合理的进度计划应体现资源的合理使用、工作面的合理安排、有利于提高建设质量、有利于文明施工和有利于合理地缩短建设周期。

（3）用工程网络计划的方法编制进度计划时，必须很严谨地分析和考虑工作之间的逻辑关系，通过工程网络的计算可发现关键工作和关键路线，也可知道非关键工作可使用的时差，工程网络计划的方法有利于实现进度控制的科学化。

（4）承发包模式的选择直接关系到工程实施的组织和协调。为了实现进度目标，应选择合理的合同结构，以避免过多的合同交界面而影响工程的进展。工程物资的采购模式对进度也有直接的影响，对此应做比较分析。

（5）为实现进度目标，不但应进行进度控制，还应注意分析影响工程进度的风险，并在分析的基础上采取风险管理措施，以减少进度失控的风险量。常见的影响工程进度的风险，如：

① 组织风险；

② 管理风险；

③ 合同风险；

④ 资源（人力、物力和财力）风险；

⑤ 技术风险；等等。

（6）应重视信息技术（包括相应的软件、局域网、互联网以及数据处理设备等）在进度控制中的应用。虽然信息技术对进度控制而言只是一种管理手段，但它的应用有利于提高进度信息处理的效率，有利于提高进度信息的透明度，有利于促进进度信息的交流和项目各参与方的协同工作。

5.1.2.6 技术措施

建设工程项目进度控制的技术措施涉及对实现进度目标有利的设计技术和施工技术的选用。设计工作前期，应对设计技术与工程进度的关系做分析比较；工程进度受阻时,应分析有无设计变更的可能性。施工方案在决策选用时,应考虑其对进度的影响。

（1）施工进度控制的技术措施涉及对实现施工进度目标有利的设计技术和施工技术的选用。

（2）不同的设计理念、设计技术路线、设计方案对工程进度会产生不同的影响,在工程进度受阻时,应分析是否存在设计技术的影响因素,为实现进度目标有无设计变更的必要和是否可能变更。

（3）施工方案对工程进度有直接的影响,在决策其选用时,不仅应分析技术的先进性和经济合理性,还应考虑其对进度的影响。在工程进度受阻时,应分析是否存在施工技术的影响因素,为实现进度目标有无改变施工技术、施工方法和施工机械的可能性。

总之,上述措施主要是以提高预控能力、加强主动控制的办法来达到加快施工进度的目的。在项目实施过程中,要将被动控制与主动控制紧密地结合起来。只有认真分析各种因素对工程进度目标的影响程度,及时将实际进度与计划进度进行对比,制定纠正偏差的方案,并采取赶工措施,才能使实际进度与计划进度保持一致。

5.1.2.7　进度计划调整的方法

在计划执行过程中,由于组织、管理、经济、技术、资源、环境和自然条件等因素的影响,往往会造成实际进度与计划进度产生偏差,如果偏差不能及时纠正,必将影响进度目标的实现。因此,在计划执行过程中采取相应措施来进行管理,对保证计划目标的顺利实现具有重要意义。进度计划执行中的管理工作主要有以下几个方面：

（1）检查并掌握实际进展情况。

（2）分析产生进度偏差的主要原因。

（3）确定相应的纠偏措施或调整方法。

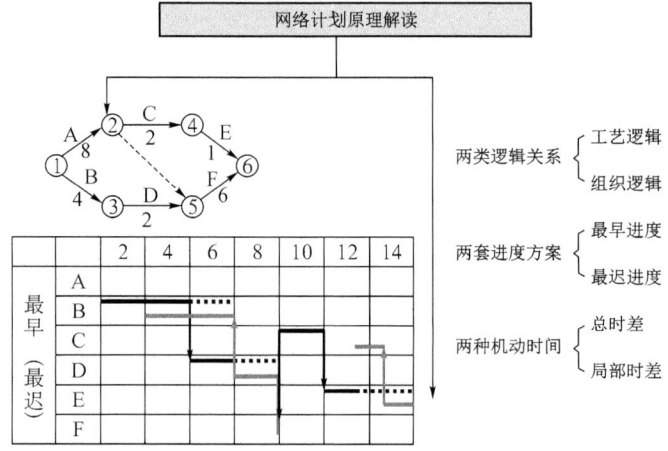

图 5-7　网络计划原理图

1. 进度计划的检查方法

(1) 计划执行中的跟踪检查。

(2) 收集数据的加工处理。

收集反映实际进度的原始数据量大面广,必须对其进行整理、统计和分析,形成与计划进度具有可比性的数据,以便在网络图上进行记录。

(3) 实际进度检查记录的方式。当采用时标网络计划时,可采用实际进度前锋线记录计划实际执行状况,进行实际进度与计划进度的比较。当采用无时标网络计划时,可在图上直接用文字、数字、适当符号或列表记录计划的实际执行状况,进行实际进度与计划进度的比较。

2. 网络计划检查的主要内容

(1) 关键工作进度。

(2) 非关键工作的进度及时差利用情况。

(3) 实际进度对各项工作之间逻辑关系的影响。

(4) 资源状况。

(5) 成本状况。

(6) 存在的其他问题。

3. 对检查结果进行的分析判断

通过对网络计划执行情况检查的结果进行分析判断,可为计划的调整提供依据。一般应进行如下分析判断:

(1) 对时标网络计划宜利用绘制的实际进度前锋线,分析计划的执行情况及其发展趋势,对未来的进度做出预测、判断,找出偏离计划目标的原因及可供挖掘的潜力。

(2) 对无时标网络计划宜按表记录的情况对计划中未完成的工作进行分析判断。

工程进度控制管理流程如图 5-8 所示。

5.1.3 质量控制

5.1.3.1 工程质量控制目标

建设工程质量控制的目标,就是通过有效的质量控制工作和具体的质量控制措施,在满足投资和进度要求的前提下,实现工程预定的质量目标。

建设工程的质量首先必须符合国家现行的关于工程质量的法律、法规、技术标准和规范等的有关规定,尤其是强制性标准的规定。这实际上也就明确了对设计、施工质量的基本要求。从这个角度讲,同类建设工程的质量目标具有共性,不因其业主、建造地点以及其他建设条件的不同而不同。

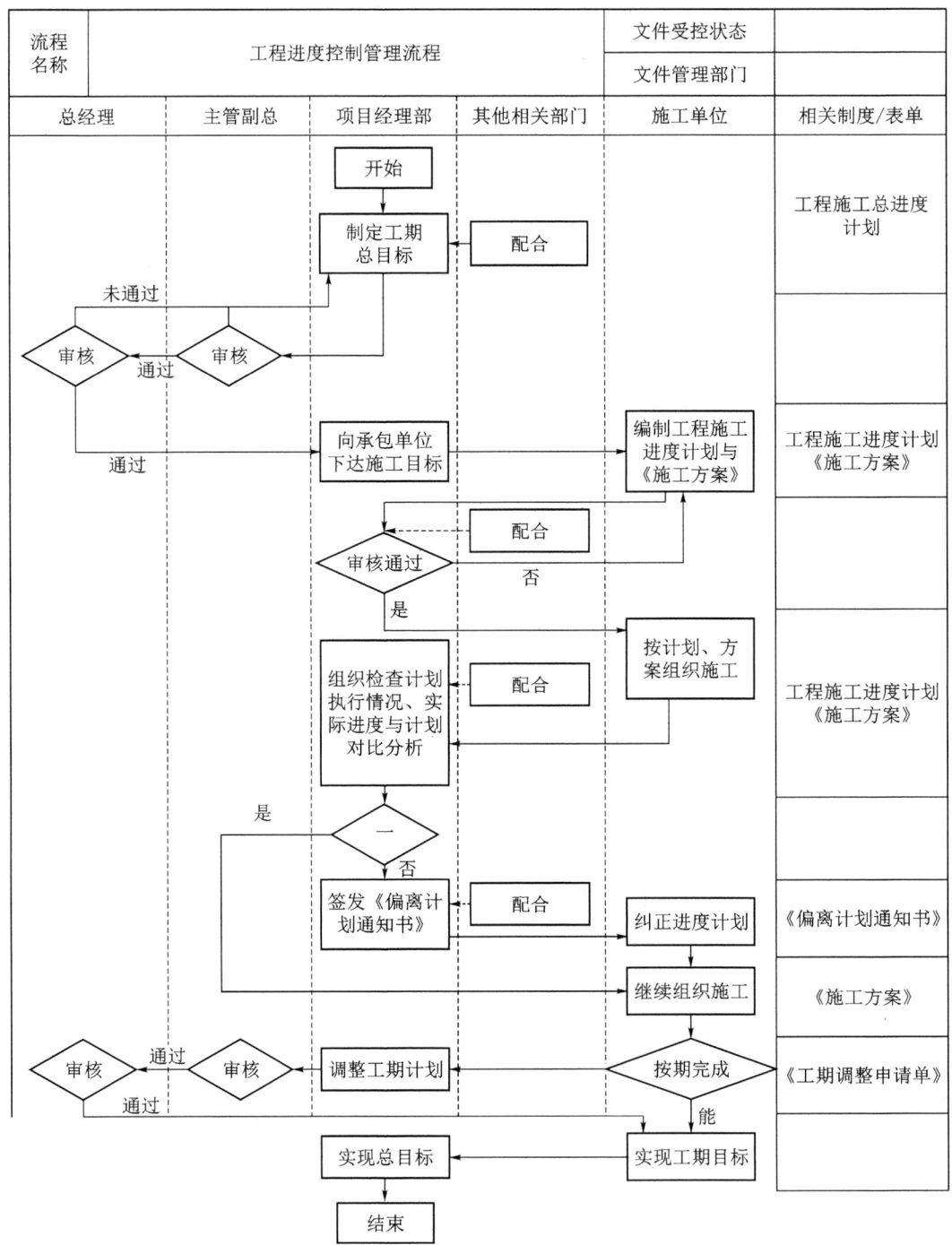

图 5-8 工程进度管理流程图

建设工程的质量目标又是通过合同加以约定的,其范围更广、内容更具体。任何建设工程都有其特定的功能和使用价值。建设工程的功能与使用价值的质量目标是相对于业主的需要而言,并无固定和统一的标准。从这个角度讲,建设工程的质量目标都具有个性。

工程项目质量控制目标图如图 5-9 所示。

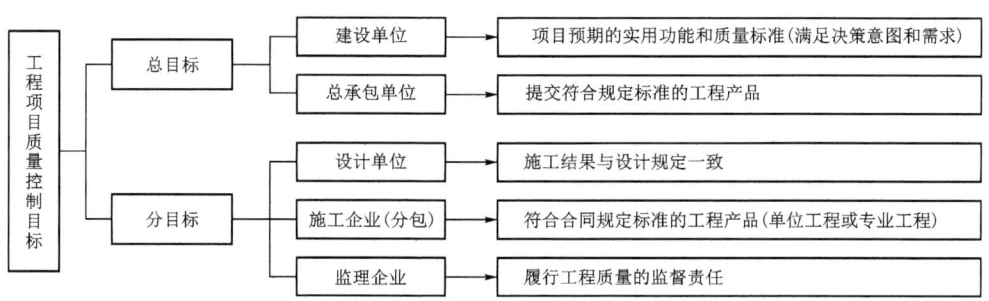

图 5-9 工程项目质量控制目标图

5.1.3.2 PDCA 循环原理

戴明循环或称 PDCA 循环、PDSA 循环。戴明循环的研究起源于 20 世纪 20 年代,先是有着"统计质量控制之父"之称的著名的统计学家沃特·阿曼德·休哈特(Walter A. Shewhart)在当时引入了"计划—执行—检查(Plan-Do-See)"的雏形,后来有戴明将休哈特的 PDS 循环进一步完善,发展成为"计划—执行—检查—处理(Plan-Do-Check/Study-Act)"这样一个质量持续改进模型。

戴明循环是一个持续改进模型,它包括持续改进与不断学习的四个循环反复的步骤,即计划(Plan)、执行(Do)、检查(Check/Study)、处理(Act)。

P(Plan)——计划,通过集体讨论或个人思考确定某一行动或某一系列行动的方案,包括 5W1H;

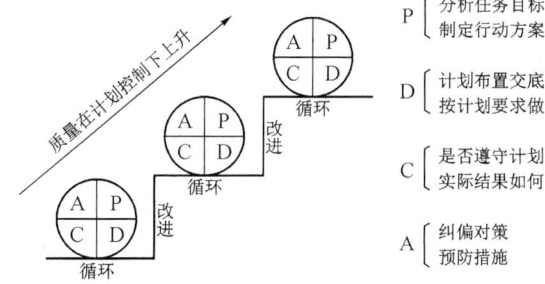

图 5-10 PDCA 循环图

D(Do)——执行人执行,按照计划去做,落实计划;

C/S(Check/Study)——检查或研究执行人的执行情况,比如到计划执行过程中的"控制点""管理点"去收集信息,"计划执行的怎么样?有没有达到预期的效果或要求?",找出问题;

A(Action)——效果,对检查的结果进行处理,认可或否定。成功的经验要加以肯定,或者模式化或者标准化以适当推广;失败的教训要加以总结,以免重现;这一轮未解决的问题放到下一个 PDCA 循环。

PDCA 步骤及方法如表 5-1 所示。

表 5-1 PDCA 步骤及方法

阶段	步骤	主要办法
P	1. 分析现状,找出问题	排列图、直方图、控制图
P	2. 分析各种影响因素或原因	因果图
P	3. 找出主要影响因素	排列图,相关图
P	4. 针对主要原因,制订措施计划	回答"5W1H" 为什么制订该措施(Why)? 达到什么目标(What)? 在何处执行(Where)? 由谁负责完成(Who)? 什么时间完成(When)? 如何完成(How)?
D	5. 执行、实施计划	
C	6. 检查计划执行结果	排列图、直方图、控制图
A	7. 总结成功经验、制定相应标准	制定或修改工作规程、检查规程及其他有关规章制度
A	8. 把未解决或新出现的问题转入下一个 PDCA 循环	

5.1.3.3 三阶段控制原理

所谓"三阶段"就是通常所说的事前控制、事中控制和事后控制。这三阶段构成了施工项目质量控制的系统过程,三段式控制图如图 5-11 所示。

（1）事前控制属于预控方式,其内涵包括两层意思,一是强调施工项目质量目标的计划预控;二是按施工项目质量计划进行质量活动前准备工作状态的控制。特别强调的是,目前有些施工企业往往把施工项目管

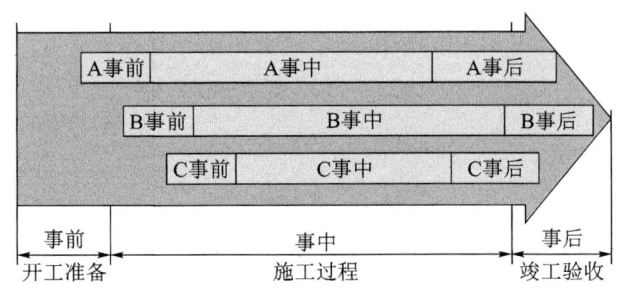

图 5-11 三段式控制图

理的模式曲解为"以包代管",这就失去了企业整体技术和管理经验对施工项目质量计划的指导和支撑作用,从而造成施工项目质量预控的先天缺陷,这对施工项目质量控制是相当有害的。

（2）事中控制主要是通过技术作业和管理活动行为的自我约束和他人监控,达到施工项目质量控制的目的。所谓"自我约束",就是在施工项目质量计划的指导下,依靠作业者和管理者的内在因素,把作业技术能力调整到最佳状态,努力按规定的程序和标准完成预定质量目标的作业任务。所谓"他人监控"包括来自企业和项目经理部内部管理

者的检查监督和来自企业外部的监控,是自我约束行为的一种外在推动力。自我约束和他人监控相辅相成,构成机制,是施工项目事中质量控制的基本保证。

(3) 事后控制包括对施工质量活动结果的评价和对质量偏差的纠正。施工项目质量控制的理想状况是做到各项作业活动"一次成活""一次交验合格率100%",但这种理想状况并不是所有的施工过程都能做到,因为在施工过程中不可避免地会存在一些计划时难以预料的影响因素,由于这些因素的影响当出现施工质量实际值与计划值之间超出允许偏差时,必须分析原因,采取措施纠正偏差,保证施工项目质量处于受控状态。

施工项目质量的事前控制、事中控制和事后控制这三大环节不是孤立和截然分开的,他们之间构成有机的系统过程,实质上就是PDCA循环的具体化,并在每一次滚动中不断提高,达到质量控制的持续改进(表5-2)。

表5-2 三段式质量控制内容

事前控制	事中控制	事后控制
1. 设计交底前,熟悉施工图纸,并对图纸中存在的问题通过建设单位向设计单位提出书面意见和建议; 2. 参加设计交底及图纸会审,签认设计技术交底纪要; 3. 开工前审查施工承包单位提交的施工组织设计或施工方案,签发《施工组织设计(方案)报审表》,并报建设单位批准后实施; 4. 审查专业分包单位的资质:符合要求后专业分包单位可以进场施工; 5. 开工前,审查施工承包单位(含分包单位)的质量管理、技术管理和质量保证体系,符合有关规定并满足工程需要时予以批准; 6. 审查施工承包单位报送的测量方案,并进行基准测量复核; 7. 建设单位宣布对总监理工程师的授权,施工承包单位介绍施工准备情况,总监理工程师作监理交底并审查现场开工条件,经建设单位同意后由项目总监理工程师签署施工单位报送的《工程开工报审表》; 8. 对符合有关规定的用于工程的原材料、构配件和设备,使用前施工承包单位通知监理工程师见证取样和送检; 9. 负责对施工承包单位报送本企业试验室的资质进行审查,合格后予以签认; 10. 负责审查施工承包单位报送的其他报表	1. 关键工序的控制过程: ● 应在施工组织设计中或施工方案中明确质量保证措施,设置质量控制点; ● 应选派与工程技术要求相适应等级的施工人员; ● 施工前应向施工人员进行施工技术交底,保存交底记录; ● 专业监理工程师负责审查关键工序控制要求的落实。施工承包单位应注意遵守质量控制点的有关规定和施工工艺要求,特别是停止点的规定。于质量控制点到来前通知专业监理工程师验收。 2. 检验批工程质量控制过程。 3. 分项工程质量控制过程。 4. 分部工程质量控制过程	1. 专业监理工程师组织施工承包单位项目专业质量(技术)负责人等进行分项工程验收。 2. 总监组织相关单位的相关人员进行相关分部工程验收。 3. 单位工程完工后,施工承包单位应自行组织有关人员进行检查评定,并向建设单位提交工程验收报告。总监理工程师组织由建设单位、设计单位和施工承包单位参加的单位工程或整个工程项目进行初验,施工承包单位给予配合,及时提交初验所需的资料。 4. 总监理工程师对验收项目初验合格后签发《工程竣工报验单》,并上报建设单位,由建设单位组织有监理、施工承包单位、设计单位和政府质量监督部门等参加质量验收

5.1.3.4 三全控制原理

三全控制原理来自全面质量管理 TQC 的思想，同时包容在质量体系标准（GB/T 19000—ISO 9000）中，它指生产企业的质量管理应该是全面、全过程和全员参与的。这一原理对施工项目质量控制同样具有理论和实践的指导意义（图 5-12）。

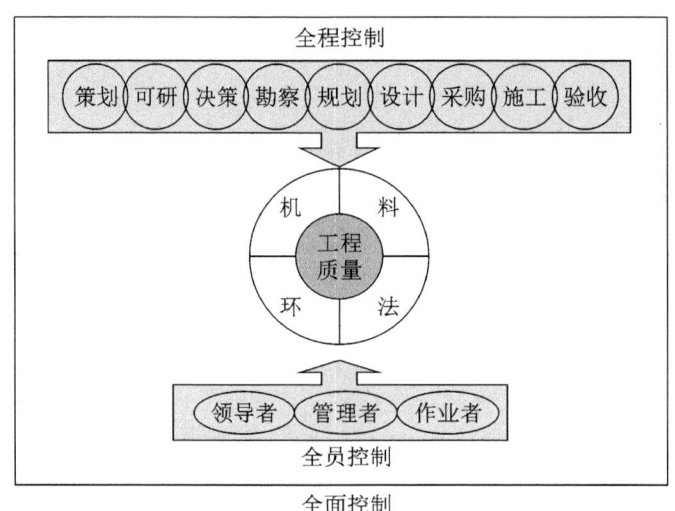

图 5-12 三全控制原理示意图

全面质量控制是指对施工质量和工作质量的全面控制。其中工作质量是指参与工程施工的管理者和操作者，为了保证施工质量所从事工作的水平和完善程度。工作质量是施工质量的保证，工作质量直接影响施工质量的形成。

全过程质量控制是指根据施工质量的形成规律，从源头抓起，全过程控制。对于施工企业及其项目经理部来说，也要做好施工准备、施工、竣工验收、交付使用和质量保修等各个环节的质量控制。

全员参与质量控制是指把施工质量控制工作落实到每一个施工活动的管理者和操作者，让他们都关心和参与施工质量控制。也就是说，施工项目经理部一旦确定了施工项目质量目标和质量计划，就应该动员全体人员参与到实施质量计划的系统活动中去，发挥自身角色的作用，把提高施工项目质量和本人的工作结合起来，通过他们的努力工作，保证施工项目质量。

5.1.3.5 质量管理数理统计工具

数理统计在质量控制中的应用如图 5-13 所示。

（1）分层法：由于项目质量的影响因素众多，对工程质量状况的调查和质量问题分析，必须分门别类地进行，以便准确有效地找出问题及其原因之所在。

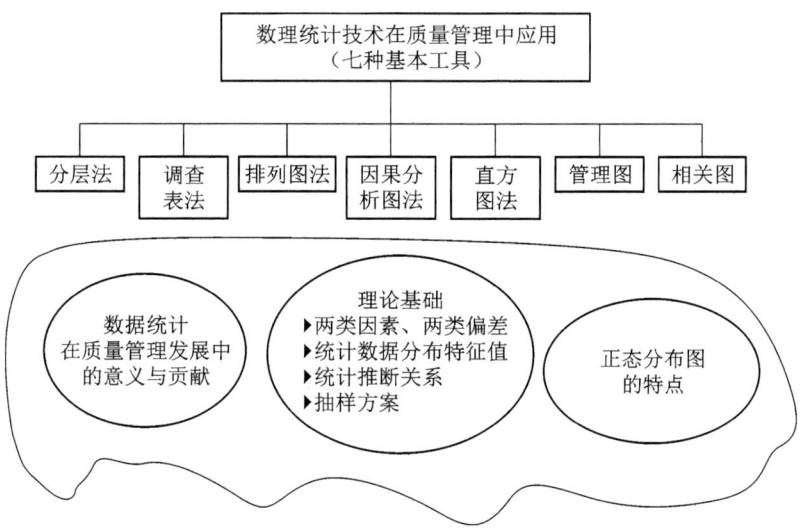

图 5-13 数理统计在质量控制中的应用示意图

(2) 因果分析图法：也称为质量特性要因分析法，其基本原理是对每一个质量特性或问题，采用逐层深入排查可能的原因，确定其中最主要的原因，然后进行有的放矢处置和管理。

(3) 排列图法：在质量管理过程中，通过抽样检查或检验试验所得到的关于质量问题、偏差、缺陷、不合格等方面的统计数据，以及造成质量问题的原因分析统计数据，均可采用排列图方法进行状况描述，它具有直观、主次分明的特点。

(4) 直方图法：

① 整理统计数据，了解统计数据的分布特征，即数据分布的集中或离散状况，从中掌握质量能力状态。

② 观察分析生产过程质量是否处于正常、稳定和受控状态以及质量水平是否保持在公差允许的范围内。

(5) 通过分布形状观察分析：

① 所谓形状观察分析是指将绘制好的直方图形状与正态分布图的形状进行比较分析，一看形状是否相似，二看分布区间的宽窄。直方图的分布形状及分布区间宽窄是由质量特性统计数据的平均值和标准偏差所决定的。

② 正常直方图呈正态分布，其形状特征是中间高、两边低、成对称。正常直方图反映生产过程质量处于正常、稳定状态。数理统计研究证明，当随机抽样方案合理且样本数量足够大时，在生产能力处于正常、稳定状态，质量特性检测数据趋于正态分布。

③ 异常直方图呈偏态分布，常见的异常直方图有折齿型、缓坡型、孤岛型、双峰型、峭

壁型，出现异常的原因可能是生产过程存在影响质量的系统因素，或收集整理数据制作直方图的方法不当所致，要具体分析。

5.1.4 安全管理

工程项目安全管理是指为保证工程项目生产顺利进行，避免人员、财产损失和环境的破坏，确保安全生产而采取的各种对策、方针和行动的总称。

1. 工程项目安全管理是一门综合性的系统科学

从宏观上来说，工程项目安全管理包括安全法规、安全技术、工业卫生等三个相互联系又相互独立的内容。安全法规，也叫劳动保护法规，侧重于以政策、规程、条例、制度等形式来规范操作和管理行为，从而使劳动者的劳动安全与身体健康得到应有的法律保障；安全技术，侧重于生产过程中对劳动手段和劳动对象的管理，包括预防伤亡事故和减轻劳动强度所采取的工程技术和安全技术规范、规定、标准、条例等；工业卫生，也叫生产卫生、职业卫生，侧重于在生产过程中对高温、粉尘、振动、噪声、毒物的管理，包括防止其对劳动者身体造成危害所采取的防护、医疗、保健等措施。

2. 安全生产管理的责任

一般来说，在建筑工程施工阶段，建设项目承包方（施工单位）承担着最主要的责任。但是安全生产管理是建筑工程各参与方的共同责任，要保证施工安全生产目标的实现，就要求承包方、建设单位、勘察设计（咨询）单位、监理单位、政府监督机构以及建设行政主管部门相互配合和协调，共同来承担安全生产的责任。通过对施工项目的全员、全过程的安全监督管理，最终实现建设项目的安全目标。

5.1.4.1 施工单位的工作

施工单位是建筑施工的直接实施者，对能否实现施工安全目标承担着主要的责任；所以施工单位能否建立一个具有高水平的现场项目管理机构，对施工现场的安全管理工作能否顺利开展起着决定性作用。

我国已经有越来越多的施工单位在政府的监督指导之下，以"安全第一"为目标方针，以"预防为主"为指导原则，高度重视施工安全，对施工全过程中各种工种的不安全因素根据施工安全保证要求，采取相应的排除事故隐患的方法。

施工单位要紧跟建筑市场的变化而发展，其安全管理工作应结合建筑施工的特点，不断强化管理，全面深入开展安全标准化工地建设活动，向科学技术要安全，向安全生产要效益，最终创建以文明工地和实现安全生产要求为目标的施工现场，做到规范化管理，做好"一管、二定、三检查、四不放过"工作。

"一管"：设专职安全员；

"二定"：制定安全生产责任制度，制定安全技术措施；

"三检查"：定期检查安全措施执行情况，检查违章作业，检查冬雨季施工安全生产设施；

"四不放过"：麻痹思想不放过，事故苗头不放过，违章作业不放过，安全漏洞不放过。此外，从微观的具体安全生产操作出发，承包商要明确以增强施工操作人员的安全意识和提高其操作技能为目的的培训教育工作。落实安全生产培训制度，真正做到培训与生产相同步，硬件建设与软件建设相结合。

5.1.4.2 建设单位的工作

目前，越来越多的建设单位认识到在建筑项目中增加安全投入、改善施工现场的安全现状会带来更多的隐形利益。工程项目施工现场文明施工，场地材料布置合理，安全防护措施到位，工地现场流水作业有序，这些情况都可能为业主客户带来好的印象。目标客户的增多，使建设单位树立了良好的企业形象，使建设单位越来越多地参与到建筑工程施工的安全管理工作。

首先，没有建设单位对建筑产品的需求，建设项目就不可能实现。建设单位安全管理应先在招标文件和合同文件中强调安全生产目标；其次，在标前会议中进一步强调安全的重要性；建设单位可以通过建立专门的项目安全管理机构积极参与现场安全管理的手段来完成；由于承包商在项目安全中的重要作用，将承包商的选择范围限于过去安全记录良好的施工企业是合理的。如果一个项目建设单位通过安全状况来筛选承包商，在施工现场就可能实现很大的安全效益，而这种筛选主要是基于过去的安全状况的选择。还可以通过对监理、勘察、设计单位的选择，从宏观源头控制建设项目的安全。

其次，建设单位还可以通过参与施工安全工作，减少伤害事故，使自身利益得到保证，还可以帮助承包商建立"零事故"的观念。事实上，建设单位对承包商、勘察设计方、监理方等单位的选择以及在合同中提前对安全生产提出要求，将激励各参建方把同样的信息传达给他们的员工或分包商，从而共同促进施工安全管理水平的提高。

5.1.4.3 监理单位的工作

工程监理单位在施工阶段应当审查施工组织设计中的安全技术措施或专项施工方案是否符合工程建设强制性标准。如果发现存在安全事故隐患，应当要求施工单位进行整改；情节严重的，应当要求施工单位暂停施工，并及时报告建设单位。施工单位拒不整改或者不停止施工的，工程监理单位应及时向有关主管部门汇报。

工程监理单位和监理工程师应当按照法律、法规和工程建设强制性标准实施监理，并对建设工程安全生产承担监理责任。一般来说，监理工程师在施工现场开展安全管理

工作时,主要的工作有:

(1) 督促施工单位的安全保障体系的执行并切实搞好安全生产自控。

(2) 严格审查施工重要部位、关键工序的安全技术措施或方案,做好预控工作。

(3) 加强季节性生产的安全防范工作。

(4) 监督施工单位安全生产管理、文明施工措施落实情况。

(5) 加大安全检查力度,对常见事故隐患的发生做好预防。

(6) 认真审核施工中出现的设计变更要求。

(7) 督促施工单位落实各项安全整改措施。

5.1.4.4 勘察设计单位的工作

勘察单位的工作主要在建筑施工之前的设计阶段。应当按照法律、法规和工程建设强制性标准进行勘察,提供的勘察文件应当真实、准确,满足建设工程安全生产的需要。在对建筑物基础的质量安全验收或其他需要勘察单位参加验收的工程部位的质量安全验收时,勘察单位要积极参加,并配合好相关单位的工作。

设计单位应当树立一种"施工安全设计理念",即保证施工现场作业人员的施工安全设计思想对后续的施工安全生产起到良性的促进作用。按照法律、法规和工程建设强制性标准进行设计,防止因设计不合理导致生产安全事故的发生。设计方案的决策会直接影响建筑安全,设计人员设计内容、选择材料、安排设备构件以及对设计变更的处理方式都会直接影响施工人员的工作质量。设计单位在进行建筑、结构设计时应以安全考察报告作为参考依据,结合自身设计经验来进行设计工作。另外,设计单位还应当考虑施工安全操作和防护的需要,对设计施工安全的重点部位和环节在设计文件中注明,并对防范安全事故提出指导性意见。设计单位应当在设计中提出保障施工作业人员安全和预防生产过程中安全事故的措施建议。

所以,勘察设计单位的工作人员应从传统设计观念,即未在勘察设计文件中考虑建筑工人施工安全的旧观念,转变到在施工安全设计观念下,考虑建筑工人的施工安全。

5.1.5 合同管理

工程项目合同的本质在于规范市场交易、节约交易费用。在工程项目全生命周期过程中,众多的项目参与方之间,如业主、承包商、设计单位、监理单位、供应商等,形成了大量的合同法律关系,如工程勘察合同、设计合同、监理合同等,工程合同确定了成本、工期、质量、安全和环境等总体目标,规定和明确了当事人各方的权利、义务和责任。因此合同管理是工程项目管理的核心,合同管理贯穿于工程实施的全过程。

工程项目合同,是承包人进行工程建设,发包人支付相应价款的合同(《中华人民共和国合同法》第269条）。"承包人"是指在工程项目合同中负责工程项目的勘察、设计、施工任务的一方人；"发包人"是指在工程项目合同中委托承包人进行工程项目的勘察、设计、施工任务的建设单位（业主、项目法人）。

5.1.5.1 工程项目合同的特点

工程项目合同是一种特殊的承揽合同，在《合同法》中作为一种独立的合同类型来规定，其具有承揽合同的一般特征，如诺成合同、双务合同、有偿合同等。但工程项目合同也与一般承揽合同有明显区别，主要有如下特征：

(1) 工程项目的主体只能是法人。
(2) 工程项目合同的标的仅限于工程项目。
(3) 工程项目合同具有国家管理的特殊性。
(4) 工程项目合同为要式合同。

5.1.5.2 工程合同按照工程建设阶段分类

工程项目的建设，须经过勘察、设计、施工等若干个过程才能最终完成，而且这个过程具有一定的顺序性，前一个过程是后一个过程的基础和前提，后一个过程是前一个过程的目的和结果，各个阶段不可或缺。这两个阶段的建设任务虽然有着十分紧密的联系，但仍然有明显的区别，可以单独地存在并分别订立合同。因而，《合同法》第269条将工程项目合同分为勘察合同、设计合同和施工合同。

1. 工程勘察合同

工程勘察合同是指对工程项目进行实地考察或察看，其主要内容包括工程测量、水文地质勘察和工程地质勘察等，其任务是为建设项目的选址、工程设计和施工提供科学、可靠的依据。

2. 工程设计合同

工程设计合同是指正式进行工程的建筑、安装前，预先确定工程的建设规模、主要设备配置、施工组织设计的合同。根据我国现行法律规定，一般建设项目按初步设计和施工图设计两个阶段进行设计；技术复杂又缺乏经验的项目，需增加技术设计阶段；对一些大型联合企业、矿区和水利枢纽工程，在初步设计之前还需要进行总体规划或总体设计。

有时勘察合同、设计合同结合在一起，则称作工程勘察设计合同。

3. 工程施工合同

工程施工合同是指承包人按照发包人的要求，依据勘察、设计的有关资料、要求，进行建设、安装的合同。工程施工合同分为施工合同和安装合同两种，《合同法》将它们合并称为工程施工合同。在工程实践过程中。这两种合同还是有区别的。施工合同是指承包人从无到有进行土木建设的合同。安装合同是指承包人在发包人提供基础设施、相关材料的基础上,进行安装的合同。一般来说,施工合同往往包含安装工程的部分;而安装合同虽然也进行施工,但往往是辅助工作。

5.1.5.3　工程合同按照承包工程计价方式分类

按照承包工程计价方式分类,工程项目合同可以分为总价合同、单价合同和成本加酬金合同。

1. 总价合同

总价合同是指根据合同规定的工程施工内容和有关条件,业主应付给承包商的款额是一个规定的金额,即明确的总价。总价合同也称总价包干合同,即根据施工招标时的要求和条件,当施工内容和有关条件不发生变化时,业主付给承包商的价款总额就不发生变化。总价合同又分固定总价合同和变动总价合同两种。

2. 单价合同

单价合同是指根据计划工程内容和估算工程量,在合同中明确每项工程内容的单位价格(如每米、每平方米或者每立方米的价格),实际支付时则根据每一个子项的实际完成工程量乘以该子项的合同单价计算该项工作的应付工程款。单价合同又分为固定单价合同和变动单价合同。

3. 成本加酬金合同

成本加酬金合同也称为成本补偿合同,这是与固定总价合同正好相反的合同,工程施工的最终合同价格将按照工程的实际成本再加一定的酬金进行计算。在合同签订时,工程实际成本往往不能确定,只能确定酬金的取值比例或者计算原则。

成本加酬金合同有许多形式,主要有成本加固定费用合同、成本加固定比例费用合同、成本加奖金合同、最大成本加费用合同。

5.1.5.4　与工程项目有关的其他合同

严格地讲,与工程项目有关的其他合同并不属于工程项目合同的范畴。但是这些合同所规定的权利和义务等内容与工程项目活动密切相关,甚至可以说工程项目合同从订立到履行的全过程离开了这些合同是不可能顺利进行的。这些合同主要有以下几种。

1. 工程项目监理合同

《建筑法》规定了建筑工程监理制度,作为明确业主与监理单位之间权利与义务关系的协议,工程项目监理合同在工程建设全过程中发挥着重要作用,与工程项目合同密不可分。

2. 国有土地使用权出让或转让合同、城市房屋拆迁合同

建设单位进行工程项目的建设,必须合法取得土地使用权,除以划拨方式取得土地使用权以外,都必须通过签订国有土地使用权出让或转让合同来获得。城市房屋拆迁合同的有效履行,是建设单位依法取得施工许可的先决条件。根据《建筑法》的有关规定,建设单位申请施工许可证时,应当具备的条件之一是拆迁进度符合施工要求。

3. 工程项目保险合同和担保合同

工程项目保险合同是为了化解工程风险,由业主或承包商与保险公司订立的保险合同。工程项目担保合同是为了保证工程项目合同当事人的适当履约,由业主或承包商作为被担保人,与银行或担保公司签订的担保合同。

工程项目保险合同和工程担保合同是实施工程建设有效风险管理、提高合同当事人履约意识、保证工程质量和施工安全的需要,FIDIC 和我国《工程项目施工合同》等合同条件都规定了工程保险和工程担保的内容。

5.1.5.5 建设工程合同管理内容

建设工程合同管理主要内容:合同订立前的管理、合同订立中的管理、合同履行中的管理、合同发生纠纷时的管理(图 5-14)。

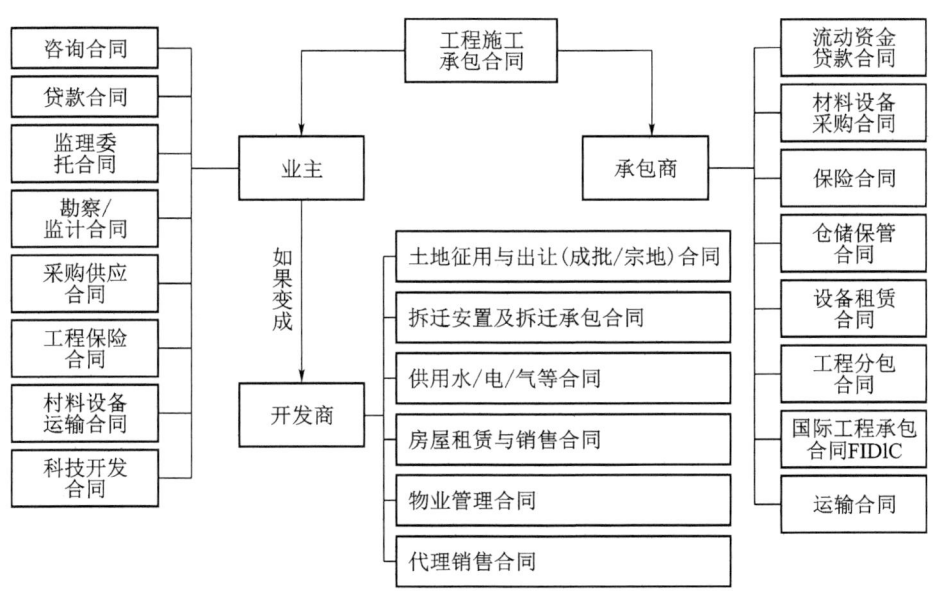

图 5-14 建设工程合同管理内容

5.1.5.6 工程合同风险管理

工程合同管理是工程项目管理的核心,现代工程项目的复杂性高、项目的参与方多、建设周期长，致使工程项目的风险因素多、风险大。而在工程实践中，这些风险通过合同都大部分转移给了承包商，给承包商的合同风险管理带来更多的困难和挑战。近年来，由于合同风险分配不合理、合同文件内容多、合同文件不规范等原因，合同纠纷案件逐年上升，其及时处理和解决显得越来越重要。因此，合同的风险管理已越来越多地受到国内施工企业的重视。

（1）在该项目的不同阶段，项目参与各方所面临的风险不同，具有较强的阶段性。

（2）在该项目实施过程中，不可控制风险可能会逐渐变得可以控制，并且随时可能会出现新的风险。

（3）项目的建设时间越长，项目所面临的风险因素越多，可能带来的风险越大。

（4）对于承包商而言，风险控制的成本随工程项目的进展而增大，与此相反的是，控制风险所带来的效益随工程项目的进展而减小。所以，工程承包企业必须重视工程项目前期（如投标和合同谈判阶段）的项目风险管理工作，做好项目风险预控管理。

（5）在整个合同过程中，业主与承包商心理优势的对比将产生较大的变化，一般业主在招投标阶段具有绝对的心理优势，而随着项目的进展而逐渐失去这些心理优势，直到工程竣工之后又逐渐恢复；承包商心理优势的变化与此相反。在项目执行过程中，承包商成功地进行合同风险管理，应注重充分利用这种优势对比的变化，采取灵活的阶段性风险补偿策略，将风险补偿问题在工程执行过程中得到解决。

5.1.6 信息管理

信息管理是指对信息的收集、加工、整理、存储、传递与应用等一系列工作的总称。信息管理的目的就是通过有组织的信息流通，使决策者能及时、准确地获得相应的信息。为了达到信息管理的目的，就要把握信息管理的各个环节，并做到了解和掌握信息来源，对信息进行分类；掌握和正确运用信息管理手段，如计算机等；掌握信息流程的不同环节，建立信息管理系统。

工程项目信息管理指的是在工程项目决策和实施的全过程中，对工程建设信息的获取、存储、存档、处理和交流进行合理的组织和控制。工程项目的信息管理是通过对各个系统、各个工作和各种数据的管理，使建设项目信息能方便和有效地获取、存储、存档、处理和交流。工程项目信息管理的目的旨在通过信息传输的有效组织管理和控制为工程项目建设提供增值服务。

5.1.6.1 工程项目信息的特点

（1）大量性：建筑工程往往是一个十分复杂的整体，而且其生命周期又很长，包括决策阶段、勘察设计阶段、施工阶段、验收阶段、运营阶段等，每一个阶段都要产生其特定的信息。这些因素的叠加导致工程项目产生的信息量十分庞大。

（2）复杂性：多个部门、多个企业和众多跨学科人员经常为了完成一项工程任务而被短期地组合在一起，隶属于工程的每个成员都可能属于不同的分包单位，来自于不同单位、不同岗位人员提交的信息交织在一起组成了一个复杂的信息网。从上面对信息的介绍中我们可以清楚地认识到，工程项目的成功实施不仅仅需要物质资源，信息资源在现代建筑业的运行中也占有举足轻重的地位。

5.1.6.2 工程项目信息流

工程项目的运作由多个环节组成，需要参与者通力合作、共同完成。在项目的实施过程中会产生如下几种重要信息流动过程。

（1）工作流。由项目的结构分解得到项目的所有工作，这些工作在一定时间和空间上实施，便形成项目的工作流。工作流构成了项目的实施过程和管理过程，主体是劳动者和管理者。

（2）物流。项目各项工作的实施需要各种材料、设备和能源，它们由外界输入，经过处理转换成为工程实体，通过加工最终形成项目产品。物流由工作流引起，其表现为项目的物资生产过程。

（3）资金流。资金流是工程实施过程中价值的运动形态。例如资金变为库存的材料和设备、工人的工资。项目完工投入运营后作为固定资产，通过项目的运营取得收益。

（4）信息流。工程项目实施的同时将会不断产生信息。这些信息伴随着上述几种流动过程按一定的规律产生、转换、变化，并被传递到相关单位供其使用，从而形成项目实施过程中的信息流。

这四种流动过程之间相互联系、相互依赖又相互影响，共同构成了项目实施和管理的总过程。在这四种流动过程中，信息流将项目的工作流、物流、资金流联系在一起。它不仅反映而且控制和指挥着工作流、物流和资金流。例如，在项目实施过程中，各种文件、报告、报表反映了工程项目的进度、费用和质量等方面的状况；各种指令、计划、协调方案又控制和指挥着项目的实施。

工程项目各阶段需要收集的信息就是信息管理的内容。工程项目质量的好坏，很大程度上取决于管理者所取得信息的全面性和可靠性。

1. 工程决策阶段需要收集的信息

（1）立项过程产生的文件：调查研究资料、项目建议书及项目建议书审批意见、可行性研究报告及可行性研究报告审批意见、与立项有关的会议纪要和主管部门下达的文件等。

（2）批准的建设项目选址报告、城市规划部门的批文、土地使用要求和环保要求等。

(3) 规定的设计标准、设备条件和各项技术经济指标等。

(4) 国家或地方的相应的法律、规章和制度。

(5) 气象、地质和地震烈度等自然条件资料。

2. 工程准备阶段需要收集的信息

(1) 建设用地、征地或拆迁文件。

(2) 工程区域图、地形测量图、地质和水文地质勘察报告。

(3) 同类工程相关信息,如建设规模、结构形式、造价、建设工期和采用新技术的效果等。

(4) 设计任务书、设计进度信息、初步设计图纸和说明、技术设计图纸和说明、施工图及其说明、设计计算书以及政府关于设计的审批文件等。

(5) 招投标文件以及建设前期签订的各类合同文件。

(6) 更为详细的技术经济状况:如原材料、燃料来源、水电供应和交通运输条件、劳动力来源及工资标准等。

(7) 施工组织设计和建设质量、进度、成本等方面的计划。

(8) 业主要收集施工单位管理水平、质量保证体系、设备先进性和以往项目施工质量等方面的信息;施工单位要收集业主的信誉、资金周转状况等情报。

3. 施工阶段的信息收集

(1) 与业主相关的信息。业主是工程项目建设的组织者,应该给出对建设过程中项目进度、质量、投资等方面的指令或意见。当业主负责某些材料的采购时,还需要其收集这些材料的品种、数量、质量、价格以及供货地点等方面的信息。

(2) 与施工单位相关的信息。现场发生的各种情况施工单位都要掌握和收集。施工单位应该向有关部门(如上级部门、设计单位、业主)传递这些信息。同时它还应该向监理单位报送各类单项工程的施工措施、质量自检报告、施工进度安排、支付申请报告和工地会议记录等。

(3) 与监理单位相关的信息。主要包括各类施工的历史记录,如工地日记、周报、月报、对施工单位的指示、给施工单位的补充图纸、现场每日的天气记录、工地会议信息、工程质量记录以及工程计量和工程款记录等。

4. 竣工验收信息

工程竣工并按要求进行竣工验收时,需要大量的对竣工验收有关的各种资料信息。这些信息一部分是在整个施工过程中长期积累形成的,一部分是在竣工验收期间根据积累的资料整理分析而成的。这些信息主要包括工程竣工总结,竣工验收记录,财务文件,声音、影像、电子档案等。完整的竣工资料应由承建单位编制,经工程监理单位和有关方面审查后,移交建设单位并通过建设单位移交项目管理运行单位以及相关的政府主管部门。

各方在工程实施各阶段会有相应的信息需求,管理者要考虑如何及时地将信息提供给他们。

5.1.7 组织协调

5.1.7.1 组织协调的概念

项目管理的核心任务是项目的目标控制,在整个项目的管理中,由哪个组织或部门定义项目的目标、怎样确定项目目标控制的任务分工、依据怎样的管理工作流程进行项目目标的动态控制等等,这些都涉及到项目的组织问题,项目组织管理是项目管理的首要职能,其他各项管理职能都要依托组织机构去执行,所以说,项目组织是实现有效的项目管理的前提和保障。

项目在运行过程中会涉及很多方面的关系,为了处理好这些关系,保证实现项目的目标,就需要协调。所谓协调,就是以一定的组织形式、手段和方法,正确处理组织内外各种关系,对项目中产生的关系不畅进行疏通,对产生的干扰和障碍予以排除,为组织正常运转创造良好条件和环境的活动。它的目的是力求得到各方面协助,促使各方协同一致,齐心协力,以实现预定目标。

项目系统是一个由人员、物质、信息等构成的人为组织系统,是由若干相互联系而又相互制约的要素有组织、有秩序地组成的具有特定功能和目标的统一体。项目的协调关系一般可以分为三大类：一是"人员/人员界面"；二是"系统/系统界面"；三是"系统/环境界面"。

首先,项目组织是人的组织,是各类人员组成的。人的差别是客观存在的,由于每个人的经历、心理、性格、习惯、能力、任务和作用不同,在一起工作,必定存在潜在的人员矛盾或危机。这种人和人之间的间隔,就是所谓的"人员/人员界面"。

如果把项目系统看作是一个大系统,则可以认为它实际上是由若干个子系统组成的一个完整体系。每个子系统的功能不同,目标不同,内部工作人员的利益不同,容易产生各自为政的趋势和相互推诿的现象。这种子系统和子系统之间的间隔,就是所谓的"系统/系统界面"。

项目系统在运作过程中,必须和周围的环境相适应。所以项目系统必然是一个开放的系统。它能主动地向外部世界取得必要的能量、物质和信息。在这个过程中,存在许多障碍和阻力。这种系统与环境之间的间隔,就是所谓的"系统/环境界面"。

工程项目建设协调管理就是在"人员/人员界面""系统/系统界面"和"系统/环境界

面"之间,对所有的活动及力量进行联结、联合和调和的工作。由动态相关性原理可知,总体的作用规模要比各子系统的作用规模之和大,因而要把系统作为一个整体来研究和处理,为了顺利实现工程项目建设系统目标,必须重视协调管理,发挥系统整体功能。要保证项目的各参与方围绕项目开展工作,组织协调很重要,只有通过积极的组织协调才能使项目目标顺利实现。

5.1.7.2 组织协调的范围和层次

一般认为,协调的范围可以分为系统内部的协调和对系统的外层协调。系统内部的协调包括项目经理部内部协调、项目经理部与企业的协调以及项目经理部与作业层的协调。

从项目组织与外部世界的联系程度看,工程项目外层协调又可以分为近外层协调和远外层协调。近外层和远外层的主要区别是,工程项目与近外层关联单位一般有合同关系,包括直接的和间接的合同关系,如与业主、监理人、设计单位、供货商、分包商和保险人等的关系;和远外层关联单位一般没有合同关系,但却有着法律、法规和社会公德等约束的关系,如与政府、项目周边居民社区组织、环保、交通、环卫、绿化、文物、消防和公安等单位的关系。

5.1.7.3 项目组织内部协调

项目组织内部协调包括人际关系、组织关系的协调。项目组织内部人际关系指项目经理部各成员之间项目经理部成员与下属班组之间、班组相互之间的人员工作关系的总称。

内部人际关系的协调主要是通过各种交流、活动,增进相互之间的了解和亲和力,促进相互之间的工作支持,另外还可以通过调解、互谅互让来缓和工作之间的利益冲突,化解矛盾、增强责任感,提高工作效率。协调这些关系主要靠执行制度,坚持民主集中制,做好思想政治工作,充分调动每个人的积极性。要用人所长,责任分明、实事求是地对每个人的绩效进行评价和激励。在调解人与人之间矛盾时要注意方式方法。

组织关系协调是指项目组织内部各部门之间工作关系的协调,如项目组织内部的岗位、职能和制度的设置等,具体包括各部门之间的合理分工和有效协作。分工和协作同等重要,合理的分工能保证任务之间平衡匹配,有效协作既避免了相互之间利益分割,又提高了工作效率。项目中的组织形成系统,系统内部各组织部分构成一定的分工协作和信息沟通关系。组织关系协调,可以使组织运转正常,发挥组织力的作用,组织关系的协调应注意以下几个原则:一是要明确每个机构的职责;二是设置组织机构要以职能划分为基础;三要通过制度明确各机构在工作中的相互关系;四要建立信息沟通制度,制订工作流程图;五要根据矛盾冲突的具体情况及时灵活地加以解决。

5.1.7.4 项目近外层协调

近外层协调包括与业主、监理人、设计单位、供货商、分包商和保险人等的关系协调，项目与近外层关联单位一般有合同关系，包括直接的和间接的合同关系。工程项目实施的过程中，与近外层关联单位的联系相当密切，大量的工作需要互相支持和协调配合，能否如期实现项目目标，关键就在于近外层协调工作做得好不好，可以说，近外层协调是所有协调工作中的重中之重。

要做好近外层协调工作，必须做好以下四个方面的工作。

（1）首先要理解项目总目标。项目经理要理解项目总目标、理解建设单位的意图。对于未能参加项目决策过程的项目经理，必须了解项目构思的基础、起因和出发点，了解决策背景，否则可能对项目目标及完成任务有不完整的理解，会给他的工作造成很大的困难，所以，必须花大力气来研究每个参建单位，研究项目目标。在此基础上，再对总目标进行分解，对其他近外层关联单位的目标也要做到心中有数。分解可以按空间进行，也可以按时间进行。只有正确理解了项目目标，才能掌握协调工作的主动权，做到有的放矢。

（2）以合同为基础，明确各关联单位的权利和义务，平等地进行协调。在工程项目实施过程中，合同是所有关联单位的最高行为准则和规范。合同规定了相关工程参与单位的权利和义务，所以必须有牢固的合同观念，要清楚哪些工作是什么单位做的，什么时候完成，要达到什么样的标准。如果出现问题，是哪个单位的责任；同时，对属于自己要完成的工作也要做好，也要清楚自己的义务。只有这样，才不会在工作中失误，给自己工作造成被动，协调工作才能做好。

（3）尊重各相关联单位。近外层相关联单位在一起参与项目工程，说到底最终目标还是一致的，就是完成项目的总目标。因而，在工程实施的过程中，出现问题、纠纷时一定要本着互相尊重的态度进行处理，千万不要可能在某些方面处于有利位置时对其他单位或其他个人盛气凌人。比如说对于建设单位，尽管有预定的目标，但项目实施必须执行建设单位的指令，使建设单位满意，对建设单位提出的某些不适当的要求，只要不属于原则问题，都可先行进行，然后利用适当时机，采取适当方式加以说明或解释；对于原则性问题，可采取书面报告等方式说明原委，尽量避免发生误解，以使项目顺利进行；又比如说对于设计单位，设计单位为工程项目建设提供图纸，以及修改设计等工作，是工程项目主要相关联单位之一。在协调的过程中，一定要尊重设计单位的意见，例如主动组织设计单位介绍工程概况、设计意图、技术要求和施工难点等；在图纸会审时请设计单位交底，明确技术要求，把标准过高、设计遗漏、图纸差错等问题解决在施工之前；施工阶段，严格按图施工；结构工程验收、专业工程验收和竣工验收等工作，请设计代表参加。若发生质量事故，认真听取设计单位的处理意见；应当主动向设计单位介绍工程进展情况，施工中,发现设计问题,应及时主动与设计单位沟通,以免造成大的直接损失。

(4) 注重语言艺术和感情交流。协调不仅是方法问题、技术问题,更多的是语言艺术、感情交流问题。同样的一句话,在不同的时间、地点,以不同的语气、语速说出来,当事人的感觉大不一样。所以,有时尽管协调意见是正确的,但由于表达方式不妥,反而会激化矛盾。而高超的协调技巧和能力则往往起到事半功倍的效果,令各方面都满意。在协调的过程中,要多做换位思考,换个角度看问题,把自己放在对方的立场上来想,多做感情交流,在工作中不断积累经验,才能提高协调能力。

5.1.7.5 项目远外层协调

远外层与项目组织不存在合同关系,只是通过法律、法规和社会公德来进行约束,这之间关系的处理主要以法律、法规和社会公德为准绳,相互支持、密切配合、共同服务于项目目标。在处理关系和解决矛盾过程中,应充分发挥中介组织和社会管理机构的作用。一个工程项目的开展还存在政府部门及其他单位的影响,如政府部门、金融组织、社会团体、服务单位和新闻媒介等,对工程项目起着一定的或决定性的控制、监督、支持和帮助作用,这层关系若协调不好,工程项目实施也可能会受到影响。比如说常见的施工噪声扰民的问题,如果和周边居民协调不好,矛盾激化了会严重影响项目的正常实施。做好远外层协调工作主要是以相关的法律、法规和社会公德为基础进行协调。例如,项目部应要求作业队伍到建设行政主管部门办理分包队伍施工许可证;到劳动管理部门办理劳务人员就业证,办理企业安全资格认可证、安全施工许可证、项目经理安全生产资格证等手续;项目部的安全保卫部门应办理施工现场消防安全资格认可证;到交通管理部门办理通行证,到当地户籍管理部门办理劳务人员暂住手续;项目经理部应到当地城市管理部门办理街道临建审批手续;项目经理部应到当地政府质量监督管理部门办理建设工程质量监督通知单等手续;项目经理部应配合环保部门做好施工现场的噪声检测工作,及时报送有关厕所、化粪池、道路等的现场平面布置图、管理措施及方案等。做好远外层的协调,争取得到相关部门和社团组织的理解和支持,对于顺利实现项目目标是必需的。

5.1.8 风险管理

5.1.8.1 工程项目风险的含义

因为工程项目的实施是一次性的、创新性的、涉及多种关系且存在很多变数的复杂过程,所以在工程项目实施过程中,存在着很多的不确定性,这些特性决定了工程项目实施过程中存在各种各样的风险。尤其是现代工程项目规模越来越大,技术越来越复杂,风险同样也在增大,如果不能很好地处理风险,就很可能造成工程项目的巨大损失,因此,必须积极地开展工程项目风险管理,充分识别、评估和控制工程项目风险。

工程项目的构思、目标设计、可行性研究、设计和计划都是基于对将来情况（政治、经济、社会、自然等）的预测之上的，基于正常的、理想的技术、管理和组织之上的，而在工程建设以及运行过程中，这些因素都有可能发生变化，在各个方面都存在着不确定性。这些变化会使原定的计划和方案受到干扰，既定的目标不能实现。我们将这些不能确定的内部和外部的干扰因素称之为风险。

5.1.8.2 工程项目风险的特点

（1）客观性与必然性。无论是自然界的风暴、地震、滑坡灾害还是与人们活动紧密相关的施工技术、施工方案不当造成的风险损失，都是不以人们意志为转移的客观现实。因自然界的物体运动以及人类社会的运动规律都是客观存在的，表明项目风险的发生也是客观必然的。

（2）多样性。即在一个工程项目中有许多种类的风险存在，如政治风险、经济风险、法律风险、自然风险、合同风险、合作者风险等。这些风险之间有复杂的内在联系。

（3）存在于整个项目生命周期。例如，在项目的目标设计中，可能存在构思的错误、重要边界条件的遗漏、目标优化的错误；在可行性研究中，可能有方案的失误、调查不完全、市场分析错误；在设计中存在专业不协调、地质不确定、图纸和规范错误等。

（4）影响的全局性。风险影响常常不是局部的、某一段时间或某一个方面，而是全局性的。例如，反常的气候条件造成工程的停滞，会影响整个工程项目的后期计划，影响后期所有参与者的工作。它不仅会造成工期延长，而且会造成费用的增加，造成对工程质量的危害。

5.1.8.3 项目工程风险的分类

项目工程风险的分类如图 5-15、图 5-16 所示。

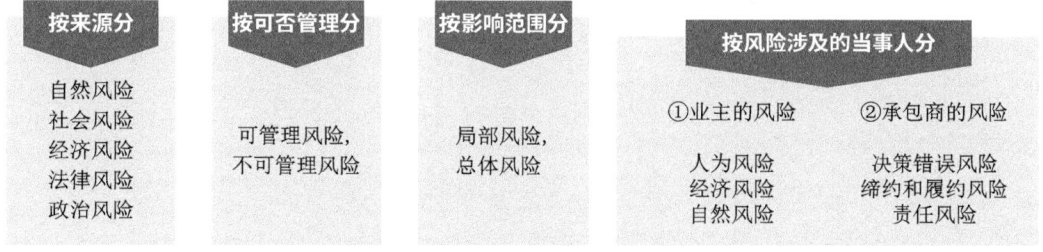

图 5-15　项目工程风险分类图(1)　　图 5-16　项目工程风险分类图(2)

5.1.8.4 项目工程风险管理

工程项目风险管理是指风险管理主体通过风险识别、风险评价去认识项目的风险，并以此为基础，合理地使用风险规避、风险控制、风险自留、风险转移等管理方法、技术和手段对项目的风险进行有效的控制,妥善处理风险事件造成的不利后果,以合理的成本保证项目总体目标实现的管理过程。项目风险管理程序是指对项目风险进行管理的一个系统的、循环的工作流程。

1. 风险识别

风险识别是风险管理中的首要步骤,是指通过一定的方式,系统而全面地识别影响项目目标实现的风险事件并加以适当归类,并记录每个风险因素所具有的特点的过程。必要时,还需对风险事件的后果进行定性估计。在项目建设中会面临许多潜在的风险。风险识别是指风险管理人员在收集资料和调查研究之后,运用各种方法对尚未发生的潜在风险以及客观存在的各种风险进行系统归类和全面识别。风险识别的主要内容是:识别引起风险的主要因素、识别风险的性质、识别风险可能引起的后果。

2. 风险分析与评估

风险分析与评估是将项目风险事件发生的可能性和损失后果进行定量化的过程。该过程在系统地识别项目风险与合理地做出风险应对策略的决策之间起着重要的桥梁作用。风险分析与评估的结果主要在于确定各种风险事件发生的概率及其对项目目标影响的严重程度,如项目投资增加的数额、工期延误的天数等。

风险分析与评价是指在定性识别风险因素的基础上,进一步分析和评价风险因素发生的概率、影响的范围、可能造成损失的大小以及多种风险因素对项目目标的总体影响等,达到更清楚地辨识主要风险因素,有利于项目管理者采取更有针对性的对策和措施,从而减少风险对项目目标的不利影响。

风险分析与评价的任务包括:

(1) 确定单一风险因素发生的概率。

(2) 分析单一风险因素影响范围大小。

(3) 分析各个风险因素的发生时间。

(4) 分析各个风险因素的风险结果。

(5) 探讨这些风险因素对项目目标的影响程度。

在单一风险因素量化分析的基础上,考虑多种风险因素对项目目标的综合影响、评估风险的程度并提出可能措施作为管理决策的依据。

3. 风险应对策略的决策

风险应对策略的决策是确定项目风险事件最佳对策组合的过程。一般来说,风险管理中所运用的对策有以下四种:风险回避、风险控制、风险自留和风险转移。这些风险对策的适用对象各不相同,需要根据风险评价的结果,对不同的风险事件选择最适宜的风险对策,从而形成最佳的风险对策组合。

风险应对计划是研究和选择消除、减小或转移风险的方法,或做接受风险的决定。它是项目计划的一部分,应与项目的其他计划,如进度计划、成本计划、组织计划和实施方案等通盘考虑,在此必须考虑风险对其他计划的不利影响。风险应对策略是项目实施策略的一部分,对风险,特别是对重大的风险,在选择风险应对措施前必须进行专门的策略研究。

工程项目风险的应对策略包括风险回避、风险转移、风险自留。

1) 风险回避

风险回避是指在完成项目风险分析与评价后,如果发现项目风险发生的概率很高,而且可能的损失也很大,又没有其他有效的对策来降低风险时,应采取放弃项目,放弃原有计划或改变目标等方法使其不发生或不再发展,从而避免可能产生的潜在损失。通常,当遇到下列情形时,应考虑风险回避的策略:

(1) 风险事件发生概率很大且后果损失也很大的项目;

(2) 发生损失的概率并不大,但当风险事件发生后产生的损失是灾难性的、无法弥补的。

2) 风险转移

当有些风险无法回避、必须直接面对,而以自身的承受能力又无法有效地承担时,风险转移就是一种十分有效的选择。必须注意的是,风险转移是通过某种方式将某些风险的后果连同对风险应对的权利和责任转移给他人。转移的本身并不能消除风险,只是将风险管理的责任和可能从该风险管理中所能获得的利益移交给了他人,项目管理者不再直接地面对被转移的风险。风险转移的方法有很多,主要包括非保险转移和保险转移两大类。

(1) 非保险转移。非保险转移又称合同转移,因为这种风险转移一般是通过签订合同的方式将项目风险转移给非保险人的对方当事人。

(2) 保险转移。保险转移通常直接称为工程保险。通过购买保险,业主或承包商作为投保人将本应由自己承担的项目风险(包括第三方责任)转移给保险公司,从而使自己免受风险损失。

3) 风险自留

风险自留是指项目风险保留在风险管理主体内部,通过采取内部控制措施等来化解风险。风险自留可分为非计划性风险自留和计划性风险自留两种。

(1) 非计划性风险自留。由于风险管理人员没有意识到项目某些风险的存在,或者不曾有意识地采取有效措施,以致风险发生后只好保留在风险管理主体内部。

(2) 计划性风险自留。计划性风险自留是主动的、有意识的、有计划的选择,是风险管理人员在经过正确的风险识别和风险评价后制定的风险应对策略。

4. 风险对策的实施

对风险应对策略所做出的决策还需要进一步落实具体的计划和应对措施。例如,在决定进行风险控制时,要制订预防计划、灾难计划、应急计划等;在决定购买工程保险时,要选择保险公司,确定恰当的保险险种、保险范围、免赔额、保险费等。这些都是实施风险应对策略的重要内容。

5. 风险对策实施的监控

在项目实施过程中,要不断地跟踪检查各项风险应对策略的执行情况,并评价各项风险对策的执行效果。当项目实施条件发生变化时,要确定是否需要提出不同的风险应对策略。随着项目的不断进展和相关措施的实施,影响项目目标实现的各种因素都在发生变化,只有适时地对风险对策的实施进行监控,才能发现新的风险因素,并及时对风险管理计划和措施进行修改和完善。

5.1.8.5 全面风险管理

在现代项目管理中,风险管理问题已经成为研究的热点之一。无论在学术领域还是在应用领域,人们对风险都做了很多研究。起初人们用概率论、数理统计方法研究风险发生的规律,后来又将风险引入网络,提出不确定型网络;并研究决策树模型和方法,在计算机上采用仿真技术等,研究风险的规律。

全面风险管理首先是在软件开发等项目管理中应用的。直至近十几年,才在项目管理系统中应用。全面风险管理是用系统的、动态的方法进行风险控制,以减少项目过程中的不确定性。

1. 全过程的风险管理

(1) 风险管理强调事前的识别、评价和预防措施。在项目目标设计阶段就应开展风险识别工作,对影响项目目标的重大风险进行预测,提出应对措施。

(2) 在可行性研究中,对风险的分析必须细化,进一步预测风险发生的可能性和规律性,同时必须研究各风险事件对项目目标的影响程度,这即为项目的敏感性分析。

(3) 在设计和计划过程中,随着技术设计的不断深入,实施方案也逐步细化,项目的结构分析逐渐清晰。这时风险分析不仅要针对风险的种类,而且必须细化(落实)到各项目结构单元直到最低层次的工作包上。要考虑对风险的防范措施,例如风险准备金的计划、备选技术方案,在招标文件(合同文件)中应明确规定工程实施中的风险的分担。

(4) 在工程实施中加强风险的控制,包括以下工作:

① 建立风险监控系统,能及早发现风险,及早做出反应。

② 及早采取预定的措施,控制风险的影响范围和影响量,以减少项目的损失。

③ 在风险发生情况下,采取有效措施保证工程正常实施,维护正常的施工秩序,及时修改方案、调整计划,以恢复正常的施工状态,减少损失。

④ 在阶段性计划调整过程中,需加强对近期风险的预测,并纳入近期计划中,同时要考虑到计划的调整和修改所带来的新的问题和风险。

⑤ 项目结束后应对整个项目的风险及其管理效果进行评价,以此作为以后同类项目风险管理的经验和教训。

2. 全方位的风险管理

在实施全过程的风险管理的同时,在每一阶段都要开展全方位的风险管理,罗列出各种可能产生的风险,做风险分解结构,并将它们作为管理对象,尽量避免遗漏和疏忽。

(1) 要分析风险对各方面的影响。例如,对整个项目,对项目的工期、成本、施工过程、合同、技术和计划等各个方面,甚至对工程全生命期的影响。

(2) 采用的对策措施也必须考虑综合手段,从合同、经济、组织、技术和管理等方面确定解决方法。

(3) 对各种风险进行全过程管理,包括风险识别、风险分析、风险文档管理、风险评价和风险控制等。

(4) 对已被确认的有重要影响的风险,应落实专人负责风险管理,并赋予相应的职责、权利和资源。在组织上全面落实风险控制责任,建立风险控制体系,将风险管理作为项目各层次管理人员的任务之一。让大家都有风险意识,都参与风险的监控工作。

5.1.8.6 工程实施中的风险控制

风险监测与控制贯穿于项目的全过程及工程全生命期中,体现在项目的进度控制、投资控制、质量控制和合同控制等过程中。

1. 对已经识别的风险进行监控和预警

这是项目控制的主要内容之一。在项目中不断地收集和分析各种信息,捕捉风险出现的信号,判断项目的预定条件是否仍然成立,了解项目的原有状态是否已经改变,并进行趋势分析。同时,在工程实施过程中定期召开风险分析会议。

在工程中通过工期和进度的跟踪、成本的跟踪分析、合同监督、各种质量监控、现场情况报告等手段,及时了解工程现场的风险。

2. 风险控制措施

风险一经发生就应积极地采取控制措施,执行风险应对计划,及时控制风险的影响,降低损失,防止风险的蔓延,保证工程的顺利实施。

风险控制工作可分为预防损失和减少损失两个方面。

在采用风险控制对策时,所制订的风险控制措施应当形成一个周密的、完整的损失控制计划系统。该计划系统一般应由预防计划、灾难计划和应急计划三部分组成。

(1) 预防计划。预防计划的目的在于有针对性地预防损失的发生,其主要作用是降低损失发生的概率,在许多情况下也能在一定程度上降低损失的严重性。

在损失控制计划系统中,预防计划的内容最广泛,具体措施最多,包括组织措施、经济措施、合同措施和技术措施。

(2) 灾难计划。灾难计划是一组事先编制好的、目的明确的工作程序和具体措施,为现场人员提供明确的行动指南,使其在灾难性的风险事件发生后,不至于惊慌失措,也不需要临时讨论研究应对措施,可以做到从容不迫、及时妥善地处理风险事故,从而减少人员伤亡以及财产和经济损失。

(3) 应急计划。应急计划就是事先准备好若干种替代计划方案,当遇到某种风险事件时,能够根据应急预案对项目原有计划的范围和内容做出及时调整,使中断的项目能够尽快全面恢复,并减少进一步的损失,使其影响程度减至最小。

应急计划应包括的内容有:调整整个项目的实施进度计划、材料与设备的采购计划、供应计划;全面审查可使用的资金情况;准备保险索赔依据;确定保险索赔的额度;起草保险索赔报告;必要时需调整筹资计划等。

3. 进一步加强风险管理

在工程中还会出现新的风险,如:

(1) 出现了风险分析表中未曾预料到的新的风险。

(2) 由于风险发生,实施某些应对措施时而产生新的风险,如工程变更会引发新风险或导致已识别的风险发生变化。

(3) 发生的风险的影响与预期不同,出现了比预期更严重的后果。

(4) 在采取风险应对措施之后仍存在残余风险。

4. 对于大型复杂的工程项目,在风险监控过程中要经常对风险进行再评估

这些问题的处理要求人们根据项目的实际情况,及时并妥善处理风险事件,实施风险应对计划并持续评价其风险管理的有效性。

5.2 工程咨询角色分析

针对工程项目根据不同的角色所对应的任务进行工程咨询,任务分类如图 5-17 所示。

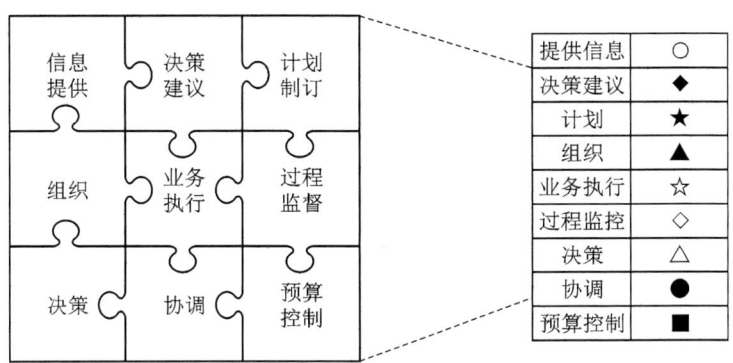

图 5-17　任务分类图

5.2.1　提供信息

提供信息是指生成、制作、发送信息,它既可以是原生地信息(信息赖以出现的事实、事件、人物、现象等),也可以是收集原生信息进行加工、制作、传播后的信息。

5.2.2　决策建议

决策建议职权是某项职位或某部门(参谋)所拥有的辅助性职权。包括提供咨询、建议等。其目的是为实现组织目标协助直线人员有效工作。近代组织中出现的参谋及其职权的概念来自军事系统。1807 年,普鲁士军事改革家香霍斯特(G. J. D. Sharnhorst),创建了军事参谋本部体制。所有军事统帅的决策过程,必须依赖参谋部集体智慧的支持来完成。以后德国、美国等军队也相继建立了参谋组织,并成为军队中不可缺少的一部分。随着社会的发展,管理问题的日益复杂,"多谋善断"由独自一人来完成已不可能。不仅仅军事上,而且政治、经济等部门都需要出谋划策的参谋人员。

决策建议职权有助于企业的发展,是适应企业经营管理复杂化和专业化的需要而产生的。为避免决策建议者有职无权或者越权管理的情况,企业在进行职权设计时,一定要保证决策建议机构有职有权,且职权合理。另外,决策建议职权也可以适当限制职能职权的作用。

合理利用参谋的作用,要做到以下几点:

(1)明确关系:明确直线经理与决策建议者的关系,分清双方的职权关系与存在价值,从而形成相互尊重、互相配合的关系。

(2)授予权力:授予决策建议机构必要的职能权力,以提高决策建议者的积极性。

(3) 提供信息：直线经理为决策建议者提供必要的信息条件，以便从决策建议者处获得有价值的支持。

5.2.3 计划

计划工作的任务，就是根据社会的需要及组织自身能力，确定组织在一定时期内的奋斗目标；通过计划的编制、执行和检查，协调和合理安排组织中各方面的经营和管理活动，有效地利用组织的人力、物力和财力资源，取得最佳的经济效益和社会效益。

哈罗德·孔茨和海因·韦里克从抽象到具体，把计划划分为目的或使命、目标、战略、政策、程序、规则、方案以及预算。

1. 目的或使命

它指明一定的组织机构在社会上应起的作用，所处的地位。它决定组织的性质，决定此组织区别于彼组织的标志。各种有组织的活动，如果要使它有意义，至少应该有自己的目的或使命。比如，大学的使命是培养人才，研究院所的使命是科学研究，医院的使命是治病救人，法院的使命是解释和执行法律。

2. 目标

组织的目的或使命往往太抽象，太原则化，它需要进一步具体为组织一定时期的目标和各部门的目标。组织的使命支配着组织各个时期的目标和各个部门的目标。而且组织各个时期的目标和各部门的目标是围绕组织存在的使命所制定的，并为完成组织使命而努力的。虽然培养人才是一所大学的使命，但一所大学在完成自己使命时会进一步具体化不同时期的目标，比如最近 3 年培养多少人才、培养什么类型的人才等。

3. 战略

战略是为了达到组织总目标而采取的行动和利用资源的总计划，其目的是通过一系列的主要目标和政策去决定和传达一个组织期望自己成为什么样的组织。战略并不打算确切地概述组织怎样去完成它的目标，这是无数主要的和次要的支持性计划的任务。

4. 政策

政策是指导或沟通决策思想的全面的陈述书或理解书。但不是所有政策都是陈述书，政策也常常会从主管人员的行动中含蓄地反映出来。比如，主管人员处理某问题的习惯往往会被下属作为处理该类问题的模式，这也许是一种含蓄的、潜在的政策。政策能帮助事先决定问题处理方法，这一方面减少对某些例行问题时间上处理的成本，另一方面把其他计划统一起来了。政策支持了分权,同时也支持了上级主管对该项分权的控制。政策允许对某些事情自由处理,一方面,切不可把政策当作规则;另一方面,又必须把这种自由限制在一定的范围内。自由处理的权限大小一方面取决于政策本身,另一方面取决于主管人员的管理艺术。

5. 程序

程序是制定处理未来活动的一种必需方法的计划。它详细列出必须完成某类活动的切实方式,并按时间顺序对必要的活动进行排列。它与战略不同,它是行动的指南,而非思想指南。它与政策不同,它没有给行动者自由处理的权利。处于理论研究的考虑,我们可以把政策与程序区分开来,但在实践工作中,程序往往表现为组织的政策。比如,一家制造企业的处理定单程序、财务部门批准给客户信用的程序、会计部门记录往来业务的程序等,都表现为企业的政策。组织中每个部门都有程序,在基层,程序更加具体化,数量更多。

6. 规则

规则没有酌情处理的余地。它详细、明确地阐明必须行动或无须行动,其本质是一种管理决策。规则通常是最简单形式的计划。

规则不同于程序。其一,规则指导行动但不说明时间顺序;其二,可以把程序看作是一系列的规则,但是一条规则可能是也可能不是程序的组成部分。比如,"禁止吸烟"是一条规则,但和程序没有任何联系;而一个规定为顾客服务的程序可能表现为某些规则,如在接到顾客需要服务的信息后30分钟内必须给予答复。

规则也不等于政策。政策的目的是指导行动,并给执行人员留有酌情处理的余地;而规则虽然也起指导作用,但是在运用规则时,执行人员没有自行处理权。

必须注意的是,就其性质而言,规则和程序均旨在约束思想;因此只有在不需要组织成员使用自行处理权时,才使用规则和程序。

7. 方案(或规划)

方案是一个综合的计划,它包括目标、政策、程序、规则、任务分配、要采取的步骤、要使用的资源以及为完成既定行动方案所需要的其他因素。一项方案可能很大,也可能很小。通常情况下,一个主要方案(规划)可能需要很多支持计划。在主要计划执行前,必须要把这些支持计划制订出来,并付诸实施。所有这些计划都必须安排时间协调。

8. 预算

预算是一份用数字表示预期结果的报表。预算通常是为规划服务的,其本身可能也是一项规划。

上述计划层次关系可用图表示,计划层次体系如图 5-18 所示。

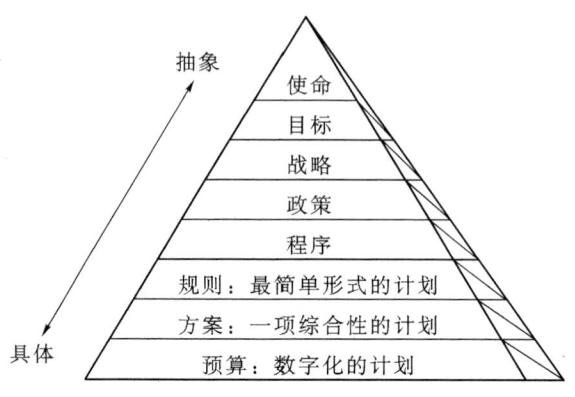

图 5-18　计划层次体系示意图

9. 组织

组织,就是有目的、系统地集合起来,如组织群众,这种组织是管理的一种职能。这一过程包括怎样分配专业化的工作,制定指导行为的规章制度,并决定决策的组织层次。

5.2.4　业务执行

业务执行,指的是贯彻战略意图,完成预定目标的实际操作,是把企业战略、规划转化成为效益、成果的关键。业务执行的关键主要有以下几点。

(1) 沟通是前提。通过沟通,群策群力,集思广益,可以在执行中分清战略的条条框框,通过自上而下的合力沟通,使企业运营更顺畅。

(2) 协调是手段。协调内部资源。好的执行往往需要一个公司至少百分之八十的资源投入,把资源协调调动在战略上,从上到下一个方向,能达到事半功倍的效果。

(3) 反馈是保障。执行的好坏要经过反馈来获得。而反馈的信息可以用具体的数据来展示。

(4) 责任是关键。企业的战略应该通过绩效考核来实现,而不仅仅是从单纯的道德上来约束。从客观上形成一种阳光下进行的奖惩制度,才能不会使执行做无用功。从主要业绩、行为态度、能力等主客观方面来评价个体业务执行情况。

5.2.5　过程监控

过程监控是指对一个或一系列活动进行实时监督的过程,这些活动通常是为了完成企业特定目标而建立的。过程监控是以项目计划为基点进行的,通过将工作产品的实际规模、工作量、成本、进度与预定的计划进行比较,对目标进行分析,了解项目实施是否正

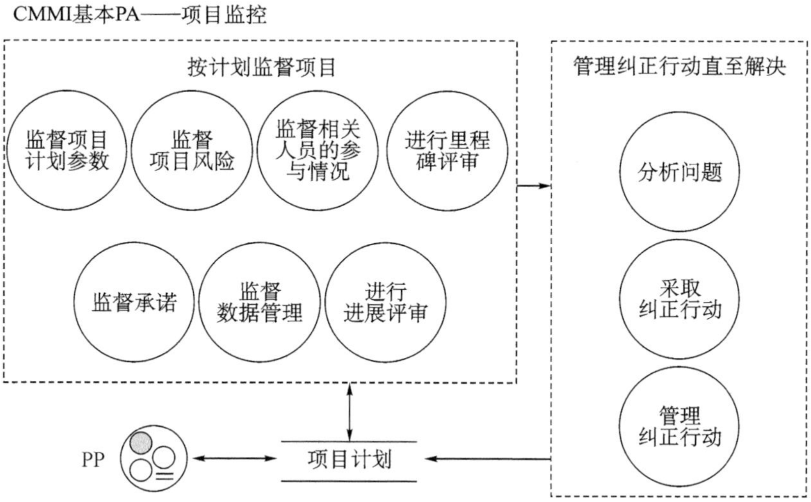

```
CMMI基本PA——项目监控
┌─────────────────────────────────┐   ┌─────────────────┐
│       按计划监督项目              │   │ 管理纠正行动直至解决 │
│  ○监督项目  ○监督  ○监督相关 ○进行里程│   │    ○分析问题      │
│   计划参数   项目风险  人员的参  碑评审 │──▶│                 │
│                      与情况         │   │    ○采取         │
│  ○监督承诺 ○监督   ○进行          │   │     纠正行动      │
│            数据管理  进展评审       │   │                 │
│                                   │   │    ○管理         │
│                                   │   │     纠正行动      │
└─────────────────────────────────┘   └─────────────────┘
         PP ○○○ ◀──▶ 项目计划 ◀────────────┘
```

图 5-19 项目监控图

常。一旦发现与计划有较大偏差时,就要采取纠正措施(图 5-19)。

纠正措施通常包括:通过激励来提高工作效能,对剩余工作进行重新规划,根据实际执行情况调整项目计划。

5.2.6 决策

"决策"意思就是做出决定或选择。时至今日,对决策概念的界定不下上百种,但仍未形成统一的看法,诸多界定归纳起来,基本有以下三种理解:

一是把决策看作是一个包括提出问题、确立目标、设计和选择方案的过程。这是广义的理解。

二是把决策看作是从几种备选的行动方案中做出最终抉择,是决策者的拍板定案。这是狭义的理解。

三是认为决策是对不确定条件下发生的偶发事件所做的处理决定。这类事件既无先例,又没有可遵循的规律,做出选择要冒一定的风险。也就是说,只有冒一定的风险的选择才是决策。这是对决策概念最狭义的理解。

正确理解决策概念,应把握以下几层含义。

1. 决策要有明确的目标

决策是为了解决某一问题,或是为了达到一定目标。确定目标是决策过程的第一步。决策所要解决的问题必须十分明确,所要达到的目标必须十分具体。没有明确的目标,决策是盲目的。

2. 决策要有两个以上备选方案

决策实质上是选择行动方案的过程。如果只有一个备选方案，就不存在决策的问题。因而，至少要有两个或两个以上方案，人们才能从中进行比较、选择，最后选择满意方案为行动方案。

3. 选择后的行动方案必须付诸实施

如果选择后的方案，束之高阁，不付诸实施，这样，决策也等于没有决策。决策不仅是一个认识的过程，也是一个行动的过程。

现代企业经营管理活动的复杂性、多样性，决定了经营管理决策有多种不同的类型。

（1）按决策的影响范围和重要程度不同，分为战略决策和战术决策。

（2）按决策的主体不同，分为个人决策和集体决策。

（3）按决策是否重复，分为程序化决策和非程序化决策。

（4）按决策问题所处条件不同，分为在完全确知条件下的决策、风险型决策和在未完全确知条件下的决策。

5.2.7 协调

协调即为了使企业各部门之间工作和谐而步调协同，共同实现企业的目标，是一种使工作的各个部门联系起来的极为重要的职能。协调作为组织管理的一项重要活动和职能，也同样可以从不同的角度对其做出类型划分和分析。较常见的有以下三种。

1. 纵向协调和横向协调

这是根据协调对象的不同而对组织协调所做的区分。纵向协调就是上下关系协调，一是协调同上级部门和单位的关系，二是协调同下级部门和单位的关系。横向协调就是左右关系协调，一是协调同级管理部门和单位的关系，二是协调同级管理人员之间的关系。

2. 内协调与外协调

这是根据组织关系的不同而对组织协调所做的区分。内协调就是组织内部各部门、单位和人员之间的协调，外协调就是组织同环境之间的协调。

3. 政策协调、事务协调、人事协调和社会协调

这是根据协调内容不同而对组织协调所做的类型区分。政策协调就是对政策所涉及的各种组织关系和矛盾进行协调；事务协调就是对组织内的各种日常事务和矛盾进行协调；人事协调就是对组织管理中所存在的人事关系和矛盾进行协调；社会协调就是对组织的社会关系和矛盾进行协调。

5.2.8 预算控制

预算控制是根据预算规定的收入与支出标准检查和监督各部门活动,以保证组织经营目标的实现,并使费用支出受到严格有效约束的过程。预算控制通过编制预算并以此为基础,执行和控制企业经营活动并在活动过程中比较预算和实际的差距及原因,然后对差异进行处理,是管理控制中运用最广泛的一种控制方法。

1. 预算控制的种类

(1) 经营预算(Operational Budget)。经营预算是指企业日常发生的各项基本活动的预算。它主要包括销售预算、生产预算、直接材料采购预算、直接人工预算、制造费用预算、单位生产成本预算、推销及管理费用预算等。其中最基本和最关键的是销售预算,它是销售预测正式的、详细的说明。由于销售预测是计划的基础,企业主要靠销售产品和提供劳务的收入维持经营,因此销售预算也就成为预算控制的基础。产品预算是根据销售预算中的预计销售量,按产品品种、数量分别编制的。生产预算编好后,还应根据分季度的预计销售量,经过对生产能力的平衡排出分季度的生产进度日程表,或称为生产计划大纲,在生产预算和生产进度日程表的基础上,可以编制直接材料采购预算、直接人工预算和制造费预算。这三项预算构成企业生产成本。而推销及管理费用预算则包括制造业务范围之外预计发生的各种费用的明细项目,例如销售费用、广告费、运输费等。对于实行标准投资控制的企业,还需要编制单位生产成本预算。其中最基本和最关键的是销售预算,其他各项预算都是在销售预算的基础上编制的。

(2) 投资预算(Investment Budget)。投资预算是对企业的固定资产的购置扩建、改造、更新等,在可行性研究的基础上编制的预算。它具体反映在何时进行投资、投资多少、资金从何处取得、何时可获得收益、每年的现金流量为多少、需要多长时间回收全部投资等。由于投资的资金来源往往是企业的限定因素之一,而对厂房和设备等固定资产的投资又往往需要很长时间才能回收,因此,投资预算应当力求和企业的战略以及长期计划紧密联系在一起。

(3) 财务预算(Financial Budget)。财务预算是指企业在计划期内反映现金收支、经营成果和财务状况的预算。它主要包括"现金预算""预算收益表"和"预计资产负债表"。必须指出的是,前述的各种经营预算、投资预算中的资料,都可以折算成金额反映在财务预算内。财务预算就成为各项经营业务和投资的整体计划,故称"总预算"。

综上所述,企业的预算实际上包括经营预算、投资预算和财务预算三大类,由各种不同的个别预算组成企业的预算体系。

2. 预算控制模式

预算控制分为诊断式预算控制与交互式预算控制两种模式。总体上两种预算控制模式是相互配合的,但是在实施时则需要结合预算管理的需要而做出具体的选择。

(1) 诊断式预算控制。在诊断式预算控制模式下,利用内部控制机制追踪预算执行单位的工作进展情况,定期将工作结果与预算指标进行比较,通过反馈机制调整、改进预算的执行,使预算执行的最终结果更加接近预算目标。

(2) 交互式预算控制。在交互式预算控制模式下,管理高层定期参与到其下层的决策过程之中,运用计划与控制系统的反馈信息指导其下层的预算执行活动,集中精力投入到尚未实现的重要目标中,并可根据环境及战略的变化适时地修改正在执行的目标。

3. 预算控制的形式

(1) 固定预算与弹性预算。固定预算又称静态预算,是指根据预算期内正常的、可能实现的某一业务量水平而编制的预算。弹性预算又称变动预算,是指通过历史数据或实际情况的分析,给出预算因素与业务量之间的关系,以便确定在不同业务量下预算数值的方法。这种方法给了预算更大的活动空间,从而使预算更富有弹性和应变能力。

(2) 增量(或减量)预算与零基预算。增量(或减量)预算是编制费用预算的一种方法,它是以基期的各种费用项目实际开支数为基础,然后结合计划期可能会使该项目发生变动的有关因素(如产量的增减、上级规定的成本降低率的高低等),在原有基础上增加或减少一定的百分率而编制的预算。零基预算是指以零点为基础而制定的预算,它排除了过去和现实中存在的各种消极因素的影响,把各项生产经营业务视为从头开始的新工作来加以安排,从根本上考虑各个费用项目的必要性及其开支的规模,并制定相应的预算。

(3) 定期预算与滚动预算。定期预算,日常业务预算、特种决策预算和财务预算的编制通常以1年为期,与会计年度相配合,这样的预算称为"定期预算"。滚动预算又称"永续预算"或"连续预算"。它的基本原理是,使预算期永远保持12个月,每过1个月,立即在期末增列1个月的预算,逐期向后滚动,因而在任何一个时期都能使预算保持12个月的时间跨度。

第6章 咨询顾问与甲方业务协同

6.1 咨询顾问的管理职能

本章为本书的核心部分,笔者通过"管理职能矩阵要素分析表"的形式,详细列出了在项目运行的各个阶段中咨询顾问与甲方业务协同过程中的工作范围与主要工作内容。

横轴为主要的甲方的工作内容。包括进度控制、投资控制、质量控制、安全管理、信息管理、合同管理和组织协调这七大块内容的分解。

纵轴列出了甲方在项目运行过程中的各个管理阶段。包括工程建设前期阶段、工程建设准备阶段、工程建设实施阶段、工程建设竣工及保修移交阶段等四个阶段。

纵轴与横轴的交叉点则为在各个阶段中匹配各自工作内容所对应的咨询顾问的管理职能。

在咨询顾问的工作内容中本书编制参与研究小组通过不同的符号以代表咨询顾问的不同管理职能,管理职能符号说明如表6-1所示。

表6-1 管理职能符号说明表

序号	管理职能	代表的符号
1	提供信息	○
2	决策建议	◆
3	计划	★
4	组织	▲
5	业务执行	☆
6	过程监控	◇
7	决策	△
8	协调	●
9	预算控制	■

6.2 "管理职能矩阵要素分析表"编制说明

6.2.1 横轴说明

1. 组织与协调

(1) 项目统筹:指的是项目从开始立项至项目保修期结束整个统筹与筹划的过程。

(2) 资源分配:指的是站在全局的角度对各类资源制定分配规则,并对各工作及项目实行的优先级进行调配。

(3) 计划目标:指的是在项目整体和各个阶段中,各项工作任务目标的设立。

(4) 对外协调:指的是本部门或公司与平级部门或公司、上级部门或公司、各委办局审批部门及社会的协调工作。

(5) 对内协调:指的是本部门或公司内部协调、几个项目间的协调工作。

(6) 审批:指的是各工作阶段最终决策的审批也包括各种专项的审批任务。

2. 质量控制

(1) 成果接收:指的是各类合格成果的编制与接收。

(2) 成果协调:指的是各类成果接收完成后的确认以及针对该成果下一步的工作安排。

(3) 采购控制:指的是从各类采购计划、供应商名单、合同协议至采购成品的质量审核与接收的全过程控制。

(4) 质量控制:指的是各类质量包括设计质量、管理质量、施工质量、首件制管理、资料管理等的过程控制。

(5) 竣工验收:指的是最终完成成品的质量把关与交付。

3. 安全管理

(1) 安全控制:指的是项目在实施过程中的安全实施计划、安全专项方案的审批及评审、重大危险源的管理、安全设施投入、安全过程管理等一系列的控制工作内容。

(2) 环境控制:分为内部环境和外部环境,内部环境指的是工程本身的文明施工环境等因素,外部环境指的是影响工程实施的自然环境、社会环境、政策环境等因素。

(3) 风险源控制:指的是除了安全控制所包含的重大危险源控制外其余的自然环境、社会环境、政策环境所造成的各类风险源的识别、评价、管理、纠偏等工作。

(4) 应急预案：指的是各类应急预案的管理、实施、响应等工作。

4. 进度管理

进度管理主要是项目在各个阶段的进度计划、控制、纠偏、重新制订等工作。

5. 合同管理

(1) 招投标：指的是各类招投标的实施过程。

(2) 合同控制：指的是各类合同计划的编制、合同的拟订、合同谈判、合同签署与合同归档。

(3) 变更管理：指的是在项目实施期间各类合同变更、工程变更（造成价格调整的）、现场签证等经济调整工作的审核、管理与存档。

6. 信息控制

(1) 档案资料：指的是公司、部门或项目中所有资料及文件的归档。

(2) 大数据管理：指的是整个公司、部门或项目中办公系统的电子化大数据管理中心。

(3) 绩效管理：指的是通过信息控制所取得的各类大数据管理中的相关绩效数据，将这些数据作为各级员工绩效管理与考核的依据，供领导参考。

(4) 监控管理：通过信息化监控数据，采取现场数据监控、文明施工监控、视频监控等手段采集各类信息并整理。

7. 投资控制

(1) 工程费用：指的是全过程费用中工程费用、工程建设其他费用的过程控制。

(2) 前期费用：指的是全过程费用中前期费用的过程控制，包含土地费用、动拆迁费用、管线搬迁费用及其他费用等。

(3) 审计：指的是项目完成后对整个项目的资金情况进行审核与审定的过程。

6.2.2 纵轴说明

1. 工程建设前期阶段

主要围绕项目立项启动展开的各项工作，具体分为项目建议书、可行性研究、项目申请报告等几大环节。

2. 工程建设准备阶段

主要围绕项目立项后推进工程各项建设的前期工作，包括设计招标、获得土地使用权、土地征收与房屋动拆迁、管线搬迁、规划设计、工程发包等环节。

3. 工程建设实施阶段

主要围绕项目施工的准备与实施，此部分的工作重点主要是对施工进度、质量、投资的目标把控和过程纠偏。

4. 工程竣工验收及备案与保修阶段

主要围绕工程的移交、收尾、保修及后评估开展工作。

6.2.3 管理职能矩阵要素分析表

管理职能矩阵要素分析表如表 6-2 所示。

表 6-2 管理职能矩阵要素分析表

建设阶段	项目节点		工作内容	统筹策划	资源分配	计划目标	对外协调	对内协调	审批	成果接收	成果协调	采购控制	质量控制	竣工验收	安全控制	环境控制	风险控制	应急预案	进度控制	招投标	合同控制	变更管理	档案资料	大数据管理	绩效管理	监控管理	工程费用	前期费用	审计
一、工程建设前期阶段	(一)可研必备要件	项目建议书	研究并组织编制项目建议书	○	○	○◆		▲	○◆	◇			◇						☆				◇	○	◇	◇	■	■	
		《建设工程选址意见书》	发改委审批批复				☆	☆	◇		◇								☆				◇	○	◇	◇			
			组织研究并委托具有相关资格的设计单位,完善项目选址及规划设计方案	○	○		●		●	◆									☆					○					
		建设用地规划审	报送规划局审核办理	○	○		●		●	◇			◇						●○										
			委托具有相关资格的测绘单位,出具房屋土地权属调查报告书(用地勘测界定报告)	○	○					◆														○					
			用地权属调查手续办理	○	○		●		●	◆									●○										
			向规划和土地管理部门进行用地方案预审申请	○	○		●		●	◆						☆			●○	◇				○					
		环境影响评价	对照环境报告分类管理要求,确定项目环境影响文件编写形式	○	○		●		●	◆									●○										
			委托具有资质的专业机构编写建设项目环境影响《报告书》/《报告表》/《登记表》等	○	○		●		●	◆							◇						◇						
			报环保部门预审批复	○	○		●		●	◆									●○		◇								
		社会稳定风险评估	根据需求组织编制《项目社会稳定风险评估报告》	○	○		●		●	◆								☆	●○				○						
			报发改委审批	○	○		●		●	◆						☆			●○	◇			○						
		地质灾害危险性评估	组织编制灾评报告等资料	○	○		●		●	◆									●○				○						
			报住建委审批	○	○		●		●	◆						☆			●○		◇		○						
		建设场地地震安全性评价	组织编制震评报告等资料	○	○		●		●	◆									●○				○						
			报地震局审批	○	○		●		●	◆						☆			●○				○						

(续表)

建设阶段	项目节点		工作内容	组织与协调					质量控制				安全管理			进度管理	合同管理		信息管理			投资控制	
				统筹策划	资源分配	计划目标	对外协调	对内协调	审批	成果接收	成果协调	采购控制	质量控制	竣工验收	安全控制	环境控制	风险控制	应急预案	进度控制	招投标	合同控制	变更管理	档案资料	大数据管理	绩效管理	工程费用	前期费用	审计

实际上表格太复杂，以下为主要内容：

项目节点	工作内容	统筹策划	对外协调	对内协调	审批	成果接收	成果协调	风险控制	进度控制	档案资料	大数据管理	工程费用	前期费用	审计
投资	准备相关资料	☆				◆					○		◇	◇
	书面征询投资部门意见	○	●	●	●		◆		●○	◇	○	◇	◇	◇
产业	准备相关资料	☆				◆					○			
	书面征询经信委意见	○	●	●	●		◆		●○	◇	○			
绿化市容	准备相关资料	☆				◆					○			
	书面征询绿化部门意见	○	●	●	●		◆	☆	●○	◇	○			
民防	准备相关资料	☆				◆					○			
	书面征询民防部门意见	○	●	●	●		◆	☆	●○	◇	○			
消防	准备消防相关资料	☆				◆					○			
	征询消防部门意见	○	●	●	●		◆	☆	●○	◇	○			
环保	准备环评报告等资料	☆				◆					○			
	上报并书面征询环保部门意见	○	●	●	●		◆	☆	●○	◇	○			
房屋管理	准备相关资料	☆				◆					○			
	书面征询房屋管理部门意见	○	●	●	●		◆		●○	◇	○			
交警	组织编制交通影响评价分析报告等准备资料	☆				◆					○			
	上报并书面征询交警及规土部门意见	○	●	●	●		◆		●○	◇	○			
水务	组织编制水资源论证报告等准备资料	☆				◆					○			
	征询水务部门意见	○	●	●	●		◆	☆	●○	◇	○			
住房城乡建设管理	准备灾评及震评意见	☆				◆					○			
	征询住建委意见	○	●	●	●		◆	☆	●○	◇	○			
安全监管	组织安全预评价等准备资料	☆				◆					○			
	征询安全监管部门意见	○	●	●	●		◆	☆	●○	◇	○			
卫计卫生	准备相关资料	☆				◆					○			
	书面征询卫计卫生部门意见	○	●	●	●		◆	☆	●○	◇	○			

一、工程建设前期阶段

(二) 必须咨询管理部门

可行性研究

第二篇 · 第6章 咨询顾问与甲方业务协同

(续表)

建设阶段	项目节点		工作内容	组织与协同					质量控制				安全管理			进度管理	合同管理			信息管理			投资控制	
				统筹策划	资源分配	计划目标	对外协调	对内协调	审批	成果接收	成果协调	采购控制	质量控制	竣工验收	安全控制	环境控制	风险控制	应急预案	进度控制	招投标	合同控制	变更管理	档案资料	大数据管理	绩效管理	监控管理	工程费用	前期费用	审计
一、工程建设前期阶段	(三)可行性研究	咨询管理部门	组织编制文物影响评估报告等准备资料	☆																									
		文物	上报文物部门获取函件	○			●	●	●	◆	◆								●○			◇	○					
		教育	涉及教育的书面征询教育部门意见	○			●	●	●	◆	◆					☆		●○			◇	○					
		文广影视	准备相关资料	☆																								
			书面征询文化广播影视局意见	○			●	●	●	◆	◆							●○			◇	○					
		体育	准备相关资料	☆																								
			书面征询体育局意见	○			●	●	●	◆	◆					☆		●○			◇	○					
		旅游	准备相关资料	☆																								
			书面征询旅游局意见	○			●	●	●	◆	◆					☆		●○			◇	○					
		民族宗教	书面征询民族宗教事务局意见	○			●	●	●	◆	◆					☆		●○			◇	○					
		外事	准备相关资料	☆																								
			书面征询外事办公室意见	○			●	●	●	◆	◆					☆		●○			◇	○					
		供水	准备相关资料及方案	☆																								
			书面征询供水公司意见	○			●	●	●	◆	◆					☆		●○			◇	○					
		排水	准备相关资料及方案	☆																								
			书面征询排水公司意见	○			●	●	●	◆	◆					☆		●○			◇	○					
		燃气	准备相关资料及方案	☆																								
			书面征询燃气管理局意见	○			●	●	●	◆	◆					☆		●○			◇	○					
		通信	准备相关资料及方案	☆																								
			书面征询通信管理局意见	○			●	●	●	◆	◆					☆		●○			◇	○					
		轨道交通	准备相关资料及方案	☆																								
			书面征询轨道交通运营公司意见	○			●	●	●	◆	◆					☆		●○			◇	○					

(续表)

建设阶段	项目节点		工作内容	组织与协调					质量控制				安全管理			进度管理	合同管理			信息管理			投资控制	
				统筹策划	资源分配	计划目标	对外协调	对内协调	审批	成果接收	成果协调	采购控制	质量控制	竣工验收	安全控制	环境控制	风险控制	应急预案	进度控制	招投标	合同控制	变更管理	档案资料	大数据管理	绩效管理	监控管理	工程费用	前期费用	审计
一、工程建设前期阶段	可行性研究	(三)选询管理部门	铁路	准备相关资料及方案	☆																			◇	○					
			航空	书面征询铁路局意见		○		●	●	●	◆									●○○					○					
				准备相关资料	☆																			◇	○					
			微波	书面征询民航局意见		○		●	●	●	◆									●○○					○					
				准备相关资料	☆																				○					
			气象	涉及微波的征询通信部门意见		○		●	●	●	◆									●○○					○					
				准备相关资料	☆											☆							◇	○					
			抗震	书面征询气象局意见		○		●	●	●	◆									●○○					○					
				准备震评报告等资料	☆											☆							◇	○					
			国安	征询地震局意见		○		●	●	●	◆									●○○					○					
				准备国家安全审查等资料	☆											☆							◇	○					
			军事	征询国安局意见		○		●	●	●	◆									●○○					○					
				准备相关资料	☆											☆							◇	○					
			电力	书面征询军事部门意见		○		●	●	●	◆									●○○					○					
				准备相关资料	☆											☆							◇	○					
		(四)专项技术评估（如有需要）	水土保持方案	书面及方案征询电力公司意见	○			●	●	●	◆									●○○					○					
				组织编写水土保持方案		○		●	●	●	◆									●○○					○					
			节能评估	上报规土部门审批	○			●	●	●	◆						☆			●○○					○					
				组织编制节能评估报告等资料		○		●	●	●	◆									●○○					○					
			日照分析	报送发改委审批	○			●	●	●	◆									●○○					○					
				组织编制日照分析报告等资料		○		●	●	●	◆									●○○					○					
			节约用地评价	报送规划部门审批	○			●	●	●	◆						☆			●○○					○					
				组织编制节地评价报告等资料		○		●	●	●	◆									●○○					○					
			压覆矿产资源评估	报送规土部门审批	○			●	●	●	◆									●○○					◇	○					
				组织编制压覆矿产资源评估报告等资料		○		●	●	●	◆									●○○					○					
				报送规土部门审批	○			●	●	●	◆									●○○					○					

（续表）

建设阶段	项目节点	工作内容	统筹策划	资源分配	计划目标	对外协调	对内协调	审批	成果接收	成果协调	采购控制	质量控制	竣工验收	安全控制	环境控制	风险控制	应急预案	进度控制	招投标	合同控制	变更管理	档案资料	大数据管理	绩效管理	监控管理	工程费用	前期费用	审计
一、工程建设前期阶段	可行性研究	（五）土地征收与房屋动迁、安置/管线搬迁方案																										
		动迁安置/管线排摸、综合、搬迁方案	○◆	○◆	○	◆	◆	●	◆	◆				◇		☆		●○				◇	○				■	
		动迁安置/管线搬迁估价				◆			◆		◆													○					
		报主管部门审批					◆	●																○					
		（六）可行性研究报告及批复立项																											
		组织研究并委托具有相关资格的专业单位，完善项目可行性研究报告	○◆	○◆		◆	◆	●	◆	◆		◆		◇	◇	☆		●○				◇	○	◇			■	
		组织审核研究项目可行性研究报告汇总相关附件					◆	●	◆○	◆		◆			◇									○			■	
		上报发改委审批，跟踪审批进程				◆		●		◆		◆							●○				◇	○	◇			■	
		配合可行性报告评估等相关工作，求得批准文件（划地、征地）	○◆			◆			◆○	◆		◆					☆		●○					○	◇		■	■	
	项目申请报告	（一）规划选址意见书																											
		确认土地获取方式（划拨、出让、自有（征地））	○◆			◆	◆	●	◆	◆									●○					○	◇		■	■	
		区分核准制、备案制项目				◆	◆	●	◆	◆							☆		●○					○	◇		■	■	
		报送规划部门审批				◆	◆	●	◆	◆									●○					○	◇		■	■	
		（二）用地预审																											
		建设用地预审报审材料、国有土地使用权出让合同等资料	○◆			◆	◆	●	◆	◆							☆		●○					○	◇		■	■	
		报国土部门预审				◆	◆	●	◆	◆									●○					○	◇		■	■	
		（三）环境影响评价																											
		组织编写环评报告书等资料	○◆			◆	◆	●	◆	◆					◇		☆		●○				◇	○	◇		■	■	
		上报环保部门审批				◆	◆	●	◆	◆									●○					○	◇		■	■	
		（四）项目申请报告核准																											
		组织编制项目申请报告等资料	○◆			◆	◆	●	◆	◆							☆		●○				◇	○	◇		■	■	
		上报发改委核准				◆	◆	●	◆	◆									●○					○	◇		■	■	

(续表)

建设阶段	项目节点	工作内容	组织与协调					质量控制					安全管理			进度管理	合同管理			信息管理				投资控制		
			统筹策划	资源分配	计划目标	对外协调	对内协调	审批	成果接收	成果协调	采购控制	质量控制	竣工验收	安全控制	环境控制	风险控制	应急预案	进度控制	招投标	合同控制	变更管理	档案资料	大数据管理	绩效管理	监控管理	工程费用	前期费用	审计
二、工程建设准备阶段	（一）设计勘察单位招投标	组织勘察单位、规划设计单位招标	○◆		○◆														○◆	○◆	◇	◇	◇	◇	★☆	★☆	
		组织规划设计评审、勘察报告审查	○◆																○◆	○◆	◆	◇	○	◇	★☆	★☆	
	（二）办理报建备案手续	准备立项批文等相关报建申报材料		○◆	○◆																	◇	○					
		向建设管理单位办理报建手续																					◇					
	（三）《建设用地规划许可证》	协助办理建设工程规划设计方案批复手续、准备需要报送的文件	○◆			●	●	●	◆					☆			●○○					○				
		规划许可证办理																									
	（四）获取土地使用权	准备选址意见书、用地规划许可证、农转用征收等资料	○			●	●	●						☆			●○○					◇				
		涉及特许经营的需出具意见																									
		报国土部门批准，办理用地批文				●	●	●	◆					☆			●○○					○				
	（五）土地征收与房屋动迁、安置	组织动迁准备及动迁方案确定	★○◆	○◆	○◆	●	●	●	◆	○				☆			●○○	○◆	◆	○◆	◇	○	◇	★☆■	★☆■	■
		上报房屋拆主管部门审批、领取房屋拆迁许可证				●	●	●																			
	管线搬迁	方案确定、报专业线部门	○◆			☆	●	●	○					☆			●○○	○◆	◆	○◆		○		☆		
	（六）管线搬迁	取得专业部门认可																									
	（七）《建设工程规划设计方案》	组织编制规划设计方案资料	○◆	○◆	○◆	●	●	●	○		◆			☆			●○○	○◆	◆	○◆		○	◇	★☆		
		审核方案设计估算，如有优化方案要协助对估算作出调整																									
		报规划部门，协同部门（消防、同林绿地指标、防空地下室设置、市政公用设施安全等）审查	○				●	●						☆			●○○					◇	○		☆		

(续表)

建设阶段	项目节点	工作内容	组织与协调					质量控制				安全管理			进度管理	合同管理			信息管理				投资控制	
			统筹策划	资源分配	计划目标	对外协调	对内协调	审批	成果接收	成果协调	采购控制	质量控制	竣工验收	安全控制	环境控制	风险控制	应急预案	进度控制	招投标	合同控制	变更管理	档案资料	大数据管理	绩效管理	监控管理	工程费用	前期费用 审计
二、工程建设准备阶段	(八)初步设计与概算审批	组织编制初步设计等资料	○◆	○◆	○◆				○◆		○◆					☆						◇	○			■	■
		设计监理							☆				◇													☆	
		项目配套征询(征询规划局、文管委、安保、抗震、民防、公安、消防、环保、绿化、卫生、疾控、排污、燃气、电信、电、取水、排水、邮政等部门意见),依据程序协助办理项目配套征询手续	○																				○				
		专项评审:抗震、基坑等	○	○◆	○◆	●	●	●	○◆	○◆	○◆	○◆		◊○○	◊○○	☆		●○○					○				
		报主管部门审批	○			●	●	●	○◆	○◆								●○○									
		组织编制项目总投资概算等资料	○◆		○◆				○◆							☆							○			☆	
		审核扩初设计概算,在设计深化过程中严格控制总概算所确定的造价计划值,对设计概算作出评估报告与建议																									
		报建委审批				●		●																			
	(九)施工图设计审批	组织进行施工图设计等资料	○◆	○◆	○◆	●	●	●	○◆		○◆	○◆		◊○	◊○	☆		●○○					○			■	
		审核施工图预算,并监督其执行情况														☆											
		项目配套征询(征询规划局、文管委、安保、抗震、民防、公安、消防、环保、绿化、卫生、疾控、排污、燃气、电信、电、取水、排水、邮政等部门意见),依据程序协助办理项目配套征询手续																									
		上报建委并组织施工图审查,审批	○◆		○◆			○◆																			
		组织办理材料、设备供应商的招投标手续	▲◆																				◇	○		☆	

(续表)

建设阶段	项目节点	工作内容	组织与协调						质量控制					安全管理				进度管理	合同管理			信息管理			投资控制		
			统筹策划	资源分配	计划目标	对外协调	对内协调	审批	成果接收	成果协调	采购控制	质量控制	竣工验收	安全控制	环境控制	风险控制	应急预案	进度控制	招投标	合同控制	变更管理	档案资料	大数据管理	绩效管理	工程费用	前期费用	审计
二、工程建设发包与承包准备阶段	(十) 建设各方招投标 (包含施工单位、申供材料单位、监理单位、第三方检测单位等)	策划发包与采购工作,对合同结构,发包界面发包方式,采购方式,工作计划和时间节点计划的策划	○	◇	◇◆	●	●									☆			◆	◆	◆	◇	○				
		委托工程招标代理单位(如有需要)	○													☆			◇	◇	◇		○				
		组织编制招标文件等资料	○◆		○◆	●			◇		◇	◆		◆					◆	◆	◆	◇	○		★☆		
		招标过程管控,确立施工、监理单位等	○◆		○◆		◆			◆						☆											
		办理合同备案																									
	(十一) 办理质量监督及安全监督	提供质量监督、安全监督部门要求的相关资料	○◆			●						◆		◆								◇	○				
		填写相关申请表	◇																								
	(十二) 办理建筑工程施工许可证	准备文明施工合同等资料	◇						◆						◆												
		向发证机关领取《建筑工程施工许可证申请表》	◇																								
		报政府建设行政主管审批,申领建筑工程施工许可证														☆			●○				◇				
		获取施工许可证后,发送项目各有关参与单位																									
	(十三) 报送开工报告暨年度投资计划申请文件	招标资料,划设批复等资料准备	◇			●		●																			
		开工条件审查	◇					●											●○				◇				
		向市发改委报送	◇			●													●○				◇				
三、工程建设实施阶段 项目施工准备	(一) 图纸会审	建设、监理单位、设计单位、施工单位共同会审,共同签章生效	◇		◇		●			◆		◆		◆		☆	◆	●○				◇	◇			
	(二) 审查施工组织设计	建设单位技术负责人参与审查,监理单位出具审查意见	◇		◇		●			◆	◆	◆		◆			◆	●○				◇	◇	■		
	(三) 物资安排计划	组织大型专用设备预安排和特殊材料预订货落实建筑材料供应	◇		◇		●				◆	◆	◇	◆		☆		●○	☆	◆	◆	◇	○		★☆		

（续表）

建设阶段	项目节点	工作内容	组织与协调						质量控制					安全管理				进度管理	合同管理			信息管理				投资控制		
			统筹策划	资源分配	计划目标	对外协调	对内协调	审批	成果接收	成果协调	采购控制	质量控制	竣工验收	安全控制	环境控制	风险控制	应急预案	进度控制	招投标	合同控制	变更管理	档案资料	大数据管理	绩效管理	监控管理	工程费用	前期费用	审计
三、工程建设实施阶段	（四）施工现场准备	补勘及测量放线，临时设施建设	○◇																●○○				◇	○	◇	☆			
		完成施工现场"七通一平"	○◇									◇						●○○				◇			☆			
	（五）设备、人员、物资进场	根据施工配套建设部门要求填写相关申请表格，并提供所需资质，及时反馈工程配套建设部门意见，并提供补充资料																				◇	○	◇				
	（六）实体工作量现场实施	监督并定期检查	○◇						◆			◇	☆	◇	☆	☆	◆	●○○				◇	○	◇	☆			
	（七）工程现场清场收尾	过程跟踪监控，重大关键节点把控	○◇						◆			◇	☆	◇	☆	☆	◆	●○○				◇	○	◇	☆			
		现场督查及节点控制				●			◆				☆	◇	☆	☆	◆	●○○				◇	○	◇	☆			
四、工程竣工验收及备案保修阶段	（一）竣工验收准备	向主办部门、公安消防、城市规划等部门提供验收资料	○◇										☆	◇	☆					◆	◆	◇	○	◇	☆	■	■	■
	（二）资料档案馆移交	工程准备阶段文件、监理文件、施工文件、竣工图文件、竣工验收文件交子档案馆保存	○◇																			◇						
	（三）项目接管移交	在监管部门或第三方机构的协调组织下，业主与项目参与方进行所有权移交	○◇			●			◆		◇	◆	☆	◇	☆					◆	◆	◇	○	◇	☆	■	■	
	（四）项目审计	对项目管理工作的全面检查，包括项目的文件记录、管理的方法和程序、财产情况、预算和费用支出情况以及项目的完成情况；督促工程审价单位出具竣工结算审核报告									☆	☆	☆	☆	☆						◇	○	◇				■
	（五）工程保修	建设单位负责检查和向上级报告，采取安全防范措施；组织编制并评审项目后评估报告	○◇						◆			◆		☆	☆						◇	○	◇	☆	■	■	■

第三篇

咨询顾问的引入、考核与付费

> 该篇分别对咨询顾问的引入、考核及付费进行探讨与研究,对各类模式的选择分别给出几种方案进行对比,并根据不同情况给出一定的推荐方案以供参考。

第7章 咨询顾问引入方式

7.1 招标方式比较

如表7-1所示,在7种招标方式中,用得最多的、最常见的就是公开招标和邀请招标。

表7-1 招标方式比较

序号	招标方式	优 点	缺 点
1	公开招标	公开、公正、公平竞争的招标原则,防止和克服垄断;能有效地促使承包商提高竞争实力,培育有实力的承包商。提高工程质量,缩短工期,降低造价,求得节约和效率,创造最合理的利益回报;有利于防范招标投标活动操作人员和监督人员的舞弊现象	招标人审查投标人资格、招标文件的工作量比较大,耗费的时间长,招标费用支出也比较多
2	邀请招标	邀请目标有限,信息不对称造成影响较小,招标成本小	具有一定排斥性,不利于投标人的充分竞争、市场培育和优胜劣汰
3	两阶段招标	符合工程本质特点,严把勘测设计、技术能力第一关,大大提高工程建筑成品最终功能的实现率	延长招标进度,需要重复交流,增加招标成本
4	有标底招标	便于招标单位了解、控制标价,降低因围标行为造成的不必要损失,避免决策中的盲目性	不利于充分竞争,标底不一定正确反映市场价格,容易产生腐败现象
5	无标底招标	减少了标底环节,降低了招标成本,有利于降低工程造价,杜绝了摸标底、泄漏标底的串标腐败现象	恶意哄抬标价给招标人带来的风险,低价中标、高价结算的风险
6	工程量清单招标	体现工程招标投标的本质目的,如果图纸设计变更较小,便于业主控制投标报价,专业价格波动带来的额外承办	很难保证设计图纸完全符合施工要求、设计经济性,容易引起承包方刻意变更索赔,增加业主投资
7	费率招标	提高招标效率,有效防止标底泄漏、人为操作等情况,对那些技术复杂,但工期紧张、难以估算成本的项目便于参照市场控制投资	忽视了工程造价的"事前"控制,可能造成工程上的"三超"现象

7.1.1 公开招标

公开招标,又叫竞争性招标,即由招标人在报刊、电子网络或其他媒体上刊登招标公告,吸引众多企业单位参加投标竞争,招标人从中择优选择中标单位的招标方式。按照竞争程度,公开招标可分为国际竞争性招标和国内竞争性招标。公开招标是政府采购的主要采购方式,是指采购人按照法定程序,通过发布招标公告,邀请所有潜在的不特定的供应商参加投标,采购人通过某种事先确定的标准,从所有投标供应商中择优评选出中标供应商,并与之签订政府采购合同的一种采购方式。依法必须公开招标项目主要有三类:

(1) 国家重点项目和省、自治区、直辖市人民政府确定的地方重点项目(《招标投标法》第十一条)。

(2) 国有资金占控股或者主导地位的依法必须进行招标的项目(《招标投标法实施条例》第八条)。

(3) 其他法律法规规定必须进行公开招标的项目。例如,《政府采购法》第二十六条规定,公开招标应作为政府采购的主要采购方式;《土地复垦条例》第二十六条规定,政府投资进行复垦的,有关国土资源主管部门应当依照招标投标法律法规的规定,通过公开招标的方式确定土地复垦项目的施工单位。

7.1.2 邀请招标

邀请招标,也称选择性招标,指由招标人根据供应商或承包商的资信和业绩,选择特定的、具备资格的法人或其他组织(不能少于 3 家),向其发出投标邀请书,邀请其参加投标,并按有关招标投标法律、法规、规章的规定,择优选定中标人的招标方式。

1. 邀请招标的特点

邀请投标不使用公开的公告形式;接受邀请的单位才是合格投标人;投标人的数量有限。

2. 经批准可进行邀请招标的情形

有下列情形之一的,经批准可以进行邀请招标。

(1) 项目技术复杂或有特殊要求,只有少量几家潜在投标人可供选择的。

(2) 项目受自然地域环境限制的。

(3) 项目涉及国家安全、国家秘密或者抢险救灾,适宜招标但不宜公开招标的。

(4) 拟公开招标的费用与项目的价值相比,不值得的;

(5)法律、法规规定不宜公开招标的。

7.1.3 议标

国际上常采用的招标方式还有第三种：议标。议标亦称为非竞争性招标或称指定性招标。这种方式是业主邀请一家，最多不超过两家承包商来直接协商谈判。实际上是一种合同谈判的形式。这种方式适用于工程造价较低，工期紧，专业性强或军事保密工程。其优点是可以节省时间，容易达成协议，迅速展开工作。缺点是无法获得有竞争力的报价。

从三种招标方式的定义可以看出，主要的区别在于参加投标的企业数量范围不同。公开招标的信息全公开，所有的竞标企业都可能参与投标；而邀请招标则是采购方先进行一定的筛选，在指定的几家投标方中进行谈判选择；议标的方式则是直接确定1~2家直接进行定向合同的谈判。

适用范围的区别主要是如果对于一些垄断性质的投标方，作为业主很少有选择其他投标方的机会，只能进行定向邀约。比如某公司想采购正版的Windows操作系统，这个很明显只能用议标的方式。如果是完全开放竞争的市场，则可以采用公开招标或者进行一定供应商筛选后的邀约招标方式。

7.1.4 单一来源采购

特殊情形下，会出现单一来源采购。单一来源采购也称直接采购，是指达到了限额标准和公开招标数额标准，但所购商品的来源单一或属专利、首次制造、合同追加、原有采购项目的后续扩充和发生了不可预见紧急情况，不能从其他供应商处采购等情况。该采购方式的最主要特点是没有竞争性。

条件：(1)只能从唯一供应商处采购的。

(2)发生了不可预见的紧急情况不能从其他供应商处采购的。

(3)必须保证原有采购项目一致性或者服务配套的要求，要求继续从原供应商处添购，且添购资金总额不超过原合同采购金额10%的。

表7-2 清单招标与费率招标对比

对比项目	清单招标	费率招标
适用范围	1. 建设单位施工图齐全。 2. 施工工期正常合理。 3. 工程项目准备情况完善	1. 设计没有完全完成，边施工边设计或施工图完成之前进行的招标。 2. 工程项目确定而图纸却未到，但工程的大致规模、建设标准均已了解。 3. 赶工期

(续表)

对比项目	清单招标	费率招标
优点	1. 所有投标人在同一起跑线上公平竞争,优胜劣汰,避免投标报价的盲目性。 2. 淡化标底作用,避免了工程招标中的弄虚作假,暗箱操作等违规行为。 3. 合理适度增加投标的竞争性,特别是经评审低价中标的方式,有利于控制工程建设项目总投资,降低工程造价。 4. 招标完成后,成本基本确定,设计的经济性可以迅速得到认定,便于成本管理,所有的子目都有单价,结算时只需要根据工程量变更在合同总价上调整即可,价格纠纷少,成本风险小	1. 省去了最为繁杂的计算工程造价(标底价或投标报价)的过程,可有效防止标底泄漏、人为操作等情况。 2. 评标路线比较简单,公平,减少暗箱操作。 3. 在施工过程当中,大多数项目都要变更原设计图纸,根据签证和图纸变更,可以使工程定额基价部分一次性计算完成,然后乘以承诺的招标费率即得出。 4. 可有效控制工程成本,招标人可以根据市场的平均价格水平、资金情况、施工环境、市场风险、工程质量、工期等因素,控制该工程取费合理下浮的百分率。 5. 费率招标不会出现清单招标的漏项。 6. 开工时间与设计进度允许有局部重叠,可按施工进度分批出施工图,可以缩短时间,尽快开展施工
缺点	1. 不适于急于开工的项目。 2.《建设工程量清单计价规范》过于笼统和门类不全,客观上存在许多不完善之处,所涉及的清单项目与工程实际情况还有一定差距。 3. 对施工企业管理水平要求较高,多数施工企业对应承担的风险心中无数,易造成实施过程中的履约困难。 4. 在招标开始前需要完整的施工图文件,工程量清单计算和承包商组价的时间也比较长	1. 无法做到工程造价的"事前"控制,可能造成投资超额。 2. 合同总价和材料消耗一般按项目规模估算,对设计的经济性无法评价,估算与实际成本差距过大,也不利于预算管理和成本控制。 3. 结算时需重新计算工程量,耗时较长,预算定额不可能涵盖合同中的所有工作,结算时组价纠纷比较多

7.2 引入模式选择

随着中国经济的不断攀升,很多项目总体建设规模庞大,投资金额巨量,周期极长,复杂程度前所未有,项目意义极其重大,在咨询顾问公司的选择上没有先例可循。综合多种招投标模式和工程咨询顾问的类型和多方面因素全盘考虑,建议借鉴港珠澳大桥的招标模式,采用联合体的方式引入。先明确需要引入的联合体的各项资质,包括国际视野、资质要求、专业程度、匹配性、经性原则等确定之后,在备选咨询公司库中遴选。

第8章 咨询顾问绩效考核

8.1 绩效考核基本理论

绩效(performance)是指组织和其子系统(部门、流程、工作团队和员工个人)的工作表现和业务成果。绩效考核是指企业的各级管理者通过某种手段对其下属的工作情况进行定量与定性评估的过程。绩效考核无疑是以绩效为导向,但是绩效导向并不意味着只关注结果,它也关注取得这些结果的过程,即员工在取得未来优异绩效进程中行为和素质。

8.1.1 绩效的特性

(1)绩效的多维性。除了产量指标完成情况外,质量、原材料消耗率、能耗、出勤甚至团结、服从、纪律等硬、软方面都需要综合考虑,逐一评估。管理人员也要从工作绩效、工作能力、工作态度等方面进行评估。

(2)绩效的动态性。员工的绩效是会变化的,随着时间的推移,绩效差的可能改进并提高了绩效,绩效好的也可能逐步变差,因此管理者千万不能凭一时印象,以僵化的观点看待员工的绩效。

8.1.2 绩效考核的原则

1. 客观、公正、科学、简便的原则

客观即实事求是,做到考核标准客观、组织评价客观、自我评价客观。公正即不偏不倚,无论对上司还是部下,都要按照规定的考核标准,一视同仁地进行考核。科学、简便即要求考核过程设计要符合客观规律,正确运用现代化科技手段进行正确评价,同时具体操作要简便,尽可能减少投入。

2. 注重实绩的原则

即要求在对职工做考核结论和决定升降奖励时,以其工作实绩为根本依据。坚持注重实绩的原则,要把考核的着眼点、着力点放在实际贡献上,要着重研究"绩"的数量关系和构成"绩"的数量因素,还要认真处理好考绩与其他方面尤其是考德方面的关系。

3. 多途径分能级的原则

在绩效考核中,对不同类型和不同能级的人员应有不同的考核标准。坚持多途径分能级的原则能实现对不同能力的人员,授予不同的职称和职权,对不同贡献的人员给予不同的待遇和奖励,做到"职以能授,勋以功授"。

4. 阶段性和连续性相结合的原则

阶段性的考核是对职员平时的各项评价指标数据的积累。考核的连续性要求对历次积累的数据进行综合分析,以求得出全面和准确的结论。因此,对职工应每年进行一次全面考核,做出年度评定,逐年连续进行。

8.1.3 常用绩效评估方法

1. 分级法

实际上,分级法属于相对考核法的具体技术,主要有:

(1) 简单分级法:这是将所有被考核者进行相互比较,选出最好的一位排在第 1 名,找出次优的排在第 2 名,如此等等,直到把所有的员工筛选完为止。

(2) 交替分级法:与上一个分级方法不同,首先找出最优者,其次找出最差者,然后找出次优者和次差者,依此类推,直至将被考核者全部筛选完为止。

(3) 对偶比较法(也称成对比较法):将全体被考核者逐一配对比较,将每一次比较结果记录下来,然后统计每一位被考核者"胜出"的次数,根据"胜出次数"排列被考核者的等次。这种方法通常进行综合比较,比较的次数可以运用数学上的排列组合求得。当被考核者达 10 人以上时,由于对偶比较次数太多,运用起来比较麻烦。

(4) 强制正态分配法:这种方法的根据是在一个群体中,考核成绩服从"两头小、中间大"的正态分布。具体做法是,首先,确定各考核等级人数在总数中所占比例。例如:若划分成优、中、劣三等,则分别占总数的 30%,40% 和 30%;若分成优、良、中、及格、劣五个等级,则每等级分别占 10%,20%,40%,20% 与 10%。然后,在对被考核者进行相互比较的基础上按比例强制将其分入一定的等级。

2. 图尺表评价法(量化等级评价法)

评价等级说明:

O:杰出(Outstanding) 在所有方面的绩效都十分突出,并且明显地比其他人的绩效要优异得多。

V：很好(Very Good)工作业绩的大多数方面明显超出职位的要求。工作绩效是高质量的并且在考核期间一贯如此。

G：好(Good)是一种称职的和可信赖的工作绩效水平，达到了工作绩效的要求。

I：需要改进(Improvement Needed)在绩效的某一方面存在缺陷，需要进行改进。

U：不令人满意(Unsatisfactory)工作绩效水平总的来说无法让人接受，必须立即加以改进。绩效评价等级在这一水平上的员工不能增加工资。

N：不做评论(Not Rated)。在绩效等级表中无法利用标准或因时间太短而无法得出结论。

3. 关键事件法

它的基本方法是每人都以一定的分数(如 70 分)为基本分，然后根据一系列加分和减分项目进行计算得出考核总分。一般地，是由主管人员将每一位下属员工在工作活动中所表现出来的非同寻常的好行为或非同寻常的不良行为(或事故)记录下来。然后在某一段固定的时间(比如 6 个月)里，根据所记录的特殊事件来决定下属的工作绩效(图8-1)。

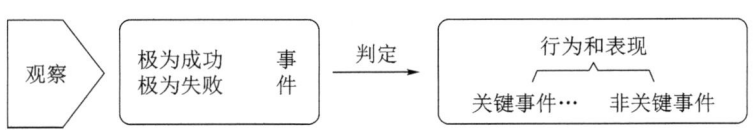

图 8-1 关键事件法流程图

4. 目标管理法

目标管理法(MBO)是管理专家彼得·德鲁克(Peter Drucker)1954 年在其名著《管理实践》中最先提出的，其后他又提出"目标管理和自我控制"的主张。德鲁克认为，并不是有了工作才有目标，而是相反，有了目标才能确定每个人的工作。所以"企业的使命和任务，必须转化为目标"，如果一个领域没有目标，这个领域的工作必然被忽视。因此管理者应该通过目标对下级进行管理，当组织最高层管理者确定了组织目标后，必须对其进行有效分解，转变成各个部门以及各个人的分目标，管理者根据分目标的完成情况对下级进行考核、评价和奖惩。目标管理法实施步骤如下：

(1) 确定组织目标。

(2) 确定部门目标。

(3) 讨论部门目标。

(4) 确定个人目标。

(5) 工作绩效评估。

(6) 提供反馈。

5. 360 度反馈方法

360 度反馈评价可称为多源评估或多评价者评估,它不同于自上而下,由上级主管评定下属的传统方式。在 360 度评价中,评价者不仅仅是被评价者的上级主管,还包括其他与之密切接触的人员,比如同事、下属、客户等,同时包括自评。它是一种从不同层面的人员中收集考评信息,从多个视角对员工进行综合绩效考评并提供反馈的方法,或者说是一种基于上级、同事、下级和客户等信息资源的收集信息、评估绩效并提供反馈的方法。

6. 平衡计分卡

平衡计分卡于 20 世纪 90 年代初由哈佛商学院的罗伯特·卡普兰(Robert Kaplan)和诺朗诺顿研究所所长(Nolan Norton Institute)、美国复兴全球战略集团创始人兼总裁戴维·诺顿(David Norton)所从事的"未来组织绩效衡量方法"一种绩效评价体系。当时该计划的目的在于找出超越传统以财务量度为主的绩效评价模式,以使组织的"策略"能够转变为"行动"而发展出来的一种全新的组织绩效管理方法。平衡计分卡自创立以来,在国际上,特别是在美国和欧洲,很快引起了理论界和客户界的浓厚兴趣与反响(图 8-2)。

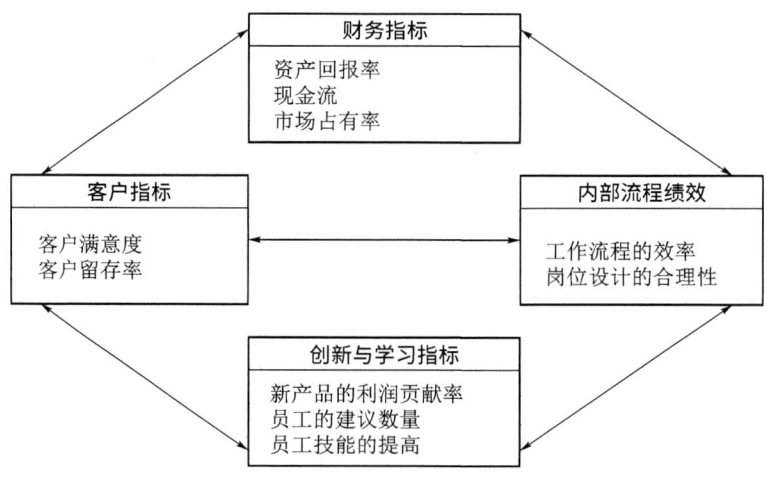

图 8-2 平衡记分卡结构图

平衡计分卡是一种先进的绩效衡量的工具。平衡计分卡将战略分成四个不同角度的运作目标,并依此四个角度分别设计适量的绩效衡量指标。因此,它不但为企业提供了有效运作所必需的各种信息,克服了信息的庞杂性和不对称性的干扰,更重要的是,它为企业提供的这些指标具有可量化、可测度、可评估性,从而更有利于企业进行全面系统的监控,促进企业达成战略与远景目标。

8.2 工程咨询绩效考核特点

工程咨询行业特点及员工特点工程咨询行业是一个特殊的行业,隶属于第三产业,并且有别于某些生产行业。独特的行业特点及员工构成使其绩效考核面临着自身的环境要求。

8.2.1 业务弹性大

工程咨询服务中,业务的弹性非常大,如果是不同的团队来完成一项相同的任务,从绩效评价上来看,也是面临完全不同的绩效环境。并且其咨询可以是全方位的,也可以是针对一些环节甚至细节,比较起来非常复杂。其服务根据顾客的不同要求具有个性化的特征,可调节性强。

8.2.2 任务性、牵涉性广

工程咨询的每一个项目都是单次的任务,并不能简单地复制。并且咨询的内容所涉及的方面非常多,包含经济、政治、地方、人文等评价因素,这也是由工程项目本身的复杂性所决定的。

8.2.3 提供信息、分析服务

工程咨询的团队以提供智力服务为主,而并非一般行业中的有形产品。并且对于提供信息与分析服务的工程咨询企业来说,并不以所分析工程本身是否可行来判断自己的服务价值。

8.2.4 员工知识性突出

在全部的监理企业中,专业技术人员早在2008年的统计中占据了九成以上的比例,并以注册监理工程师为主,高级和中级职称的比率相较于其他行业较为突出。

8.3 绩效考核模式的选择

从工程咨询的本质来看,工程咨询是一种高智商的技术服务活动。综合多种绩效考核模式并经认真考虑,建议以MBO考核方式为主,根据咨询工程师参与项目建设的深度和工作内容,适当加入KPI或BSC的过程考核指标(表8-1)。

表8-1 适用于工程咨询顾问的绩效考核方法比较

考核方法	优势	劣势	适用度
BSC	较为完整、高度结构化和系统化	考核指标侧重财务方面,与专业技术岗位要求不符;考核目标侧重战略,而非人或者人的行为;考核维度多,且较为综合,适用于企业高层考核,而非专业咨询人员	☆
PIV	全方面的考核,有一定的灵活性	考核对象需要有上级、同级、下级,不适用于关联度单一的专业技术人员;考核指标相对模糊且难以量化,不适用专业技术岗的结果导向;对企业生命周期有要求(成熟期),同时要求组织架构、战略、人员相对稳定,对企业条件要求较高,适用范围较窄	☆☆
KPI	考核指标是企业宏观战略层层分解产生的,选取的主要是对企业业绩起到重要作用的指标,而不是和企业经营管理相关的所有指标,适用范围最广	考核指标关注关键性、重要性,因此不够全面	☆☆☆☆
MBO	以注重结果的思想为基础,然后又组织内部员工以及各个部门根据总目标确定各自的分目标,并获得适当授权和资源配置的前提下,主动为各自目标而奋斗,从而实现组织的总目标	要求必须充分认识目标管理法的局限性,通过严格的操作程序来提高管理水平	☆☆☆☆☆

第9章 咨询顾问付费模式

9.1 付费的基本原则

某些工程项目开发任务艰巨,建筑规模巨大、周期长、情况复杂,简单划一的咨询服务取费模式难以胜任。根据咨询公司在各工程建设全部进程中担任的首要和次要角色来决定其基本的取费标准,大型开发集团可根据各个项目的具体情况考量其角色和贡献度,合理地进行调节。

国家相关部委及各省市有关工程类咨询取费的各项规定也是本次核定取费模式的参考文件。

9.2 常见的付费模式

不同性质和内容的工程咨询项目,签订不同类型的合同,采用不同的计费方式。常用的咨询服务收费方式有人月费单价法、按日计费法、成本加酬金计费法、总价法、工程造价百分比法以及顾问费法等多种方法。

9.2.1 人月费单价法

人月费单价法(模式A)是目前国际竞争性咨询投标中常用的费用计算方法,它由酬金、可报销费用和不可预见费用三部分组成。

1. 酬金

$$咨询人员的酬金 = 人月费率 \times 人月数$$

(1) 人月费率,又称月酬金,是以下几部分之和:

① 基本工资。即咨询人员的月工资,不包括其他额外收入。

② 社会福利费。主要有退休基金、休假日工资(包括公共假日、每年咨询单位规定的休假、病假等)、各种津贴费、奖金、社会保险费和健康医疗费以及其他费用等。社会福利费一般取基本工资的某个百分比计算。

③ 咨询单位管理费。包括公司用于行政管理和业务经营活动方面的费用,一般以公司的年度费用支出为依据,在财务建议书中报价时,应附有经会计师事务所审计的公司损益表、福利明细表和管理费明细表作为证明材料。

④ 咨询单位利润。指税前利润,以基本工资、社会福利费和公司管理费之和的百分比来计算。

⑤ 海外津贴与艰苦地区津贴。

我国的咨询专家在海外执行咨询任务按国际惯例计算人月费率时,必须考虑我国基本工资包含的内容和国外不同,报价不宜过低,以免造成误解。

(2) 人月数计算

确定预期的咨询工作类型和范围、工作深度和进度、编制详细的作业计划、专业人员与人员配备以及相应的进度计划,都要根据工作大纲对咨询任务所做的说明来进行。计算人月数的依据是进度计划。

项目的全部咨询人员的酬金之和就是应支付的服务费的酬金部分。

2. 可报销费用

可报销费用是为执行咨询服务任务而发生的工作费用,主要包括:

(1) 国际与国内交通旅行费。

(2) 食宿费(每一类地区有对应的食宿标准)。

(3) 通信费。

(4) 各种资料的编制、打印、复印、传递费。

(5) 办公设备、用品费。

(6) 为当地提供的设施和服务费用。

(7) 其他工作费用。

3. 不可预见费

该费用相当于雇主的备用金,用于执行咨询任务过程中发生的额外费用,如由于工作量的额外增加导致酬金增加;由于通货膨胀、汇率波动而引起的成本费用的增加等。通常取酬金和可报销费用之和的 5%～15%。如果没有上述情况发生,则咨询公司不能得到这笔费用。

9.2.2 按日计费法

按日计费法(模式 B)的咨询服务费计算公式如下:

咨询服务费＝咨询人员每天服务费×相应的工作天数＋其他非工资性支出

其他非工资项支出如差旅费、办公费等由雇主直接补偿。工作日按 8 小时计算,包括咨询人员为执行咨询任务时所付出的全部时间,如旅途时间等。加班时间应相应提高费率。

9.2.3　成本加固定酬金法

成本加固定酬金法(模式 C)的咨询服务费计算公式如下:

$$\text{咨询服务费} = \text{双方讨论同意的估算成本} + \text{固定报酬}$$

其中,估算成本包括咨询人员的工资与各种社会福利费,办公费、旅差费等可报销费用,以及咨询项目的管理费;固定酬金用于不可预见费、投资利息、奖金和利润。

若咨询人员与雇主商定需要增加人员以便按原定期限完成任务,则通常应增付给他们的只是成本费用,而不增加酬金或利润。

9.2.4　总价法

总价法(模式 D)即以总价计算咨询服务费用的方法,包括固定总价和调整总价两种形式。前者的总额固定,不因实际执行的咨询任务比预计工作量大而增加费用,若原计划咨询任务有较大变更或增加新内容,则增加部分另协商计价,而后者则商定:如果合同执行过程中出现通货膨胀,合同总价做相应调整。

9.2.5　工程造价百分比法

工程造价百分比法(模式 E)即按工程项目建设总投资的某个百分比来计算咨询服务费用,一般情况下,工程造价低或技术复杂的项目取费百分比较高。

9.2.6　顾问费法

顾问费法(模式 F)即雇主以支付顾问费的方式聘用个人咨询专家或咨询公司在一段时间内提供咨询服务,与企业客户顾问律师类似。持续时间较长、随时可能需要咨询的项目适用该方法。顾问费的高低与咨询服务的任务、内容、价值以及咨询专家的经验、专业知识和技术水平有关,其支付方式可以按日支付,也可以按双方商定的其他方式支付。

对于咨询服务范围非常明确,并且咨询公司可以控制费用的项目,可采用总价法、工程造价百分比法、成本加固定酬金支付方法;对于服务范围不太明确或难以确定的项目,可采用人月费单价法、按日计费法、顾问费法等。

9.3 付费模式选择

本项目涉及各集团子公司的咨询团队作为各集团和各专业项目咨询服务公司之外的第三级,既参与了全部咨询公司参与表中所涵盖的各项工程建设环节,又并非独立完成各专业项目咨询公司的服务内容,其作用和地位的特殊性决定了无法简单、直接采用现有的取费模式。均衡考量各集团和子公司咨询服务团队双方的责权利,特建议如下取费模式。

9.3.1 建议方案甲

取费由四部分组成:

(1) 基本人工:以参与各集团子公司咨询服务团队的具体人数和资深程度为主要考虑因素,按行业收入标准、个人既往收入情况、外派驻地与原所在地收入差距系数等情况核计基本人工费。

(2) 人员项目津贴:以全年总计参与各专业项目的工作量为核准基数,超出平均正常项目数的部分给予大型开发集团子公司咨询服务团队以超额工作量项目津贴。

(3) 项目公司收费:以每单项专业咨询服务公司项目收费和常驻项目咨询顾问人数相除,得到每单项专业咨询服务项目的咨询顾问人均贡献值。依此为基准值与项目公司商定特定百分比(1%~5%)的单项目产值,给付项目公司。

(4) 专项顾问费:在建设过程中,超出团队知识结构及合同议定服务内容之外的短期特聘专项顾问费用,依据国家有关规定,与短期特聘专项顾问协商,由集团或子公司另外核算给付专项顾问费。

9.3.2 建议方案乙

简算法:以参与各集团子公司咨询服务的人员的专业方向及资深程度,结合其在原公司的年人均产值简单估算其年总体费用,给付咨询公司。

9.3.3 建议方案丙

$$费用 = 基本收益 + 考核奖金$$
$$基本收益 = 投资估算造价 \times 收费标准$$

9.4 建议方案算例分析

通过实例分别对甲、乙、丙三种方案进行算例分析(表9-1—表9-3),对比选择。甲、乙、丙三种方案的资深顾问人数、辅助人员人数等背景数据均保持一致(表9-4)。

表 9-1 甲方案算例分析表

取费类别	专业方向	说明	资深顾问人数/人	辅助人员人数/人	取费/万元
基本人工费	工程全过程管理专家		3	6	480
	投资造价专家		1	3	190
	建筑/结构/暖通/强弱电专家		4	8	640
	咨询团队总负责人		1	1	130
小计	—				1 440
人员项目津贴(以平均值为例,实际每顾问参与项目情况各异)	总参与项目数量/个	基准项目数量/个	超基准项目数量/个	超量工作津贴(万元/项目/人)/万元	总人数/人	—
	30	20	10	1	27	270
项目公司收费	年参与项目总数/个	项目顾问平均产出/个	咨询服务公司总人数/个	咨询公司取费率(协商)		—
	40	35	27	1%		378
取费类别	顾问级别	人数/人	时间/天	其他费用/万元		—
专项顾问费	院士级顾问(1.0万元/天)	3	5	27.5		42.5
	教授级专家(0.5万元/天)	7	10	21		56
小计	—					98.5
总计	—					2 186.5

注:资深顾问100万元/年;总负责人120万元/年;辅助人员30万元/年。

表9-2 乙方案算例分析表

取费类别	专业方向	资深顾问人数	人均年产值/万元	辅助人员人数/人	人均年产值/万元	取费/万元
基本人工	工程全过程管理专家	3	150	6	60	810
	投资造价专家	1	150	3	60	330
	建筑/结构/暖通/强弱电专家	4	150	8	60	1 080
	咨询团队总负责人	1	200	1	60	260
专项顾问费	院士级顾问(1.0万元/天)		3	5	7.5	22.5
	教授级专家(0.5万元/天)		7	10	21	56
总计						2 558.5

表9-3 丙方案算例分析表

项目	基本数据	备注
项目总投资额/万元	500 000	
基本收益费率	按项目总投资额的1%	考核奖金按照基本受益的10%计算
基本收益费/万元	5 000	
考核奖金/万元	500	
合计/万元	5 500	

表9-4 三种方案分析比较表

项目		甲方案	乙方案	丙方案
费用内容	基本人工		顾问在原公司的年人均产值×顾问人数×工作时间=基本人工+专项顾问支出	基本收益+考核奖金 基本效益=投资估算造价×收费标准 考核奖金=项目投资收益+提取比例×考核系数
	人员项目津贴			
	项目公司收费			
	专项顾问支出			
算例一				
年投资估算造价/万元		100 000	100 000	100 000
费用总额/万元		2 146.5	2 558.5	1 100.0
结论				☆推荐方案
算例二				
年投资估算造价/万元		195 000	195 000	195 000

(续表)

项目	甲方案	乙方案	丙方案
费用总额/万元	2 146.5	2 558.5	2 145.0
结论	☆比选方案		☆比选方案
算例三			
年投资估算造价/万元	500 000	500 000	500 000
费用总额/万元	2 146.5	2 558.5	5 500.0
结论	☆推荐方案		

根据方案对比表显示,算例一项目年投资额在 10 亿元时丙方案最优,在算例二项目年投资额在 19.5 亿元时甲方案与丙方案费用基本相同,在算例三项目年投资额在 50 亿元时甲方案最优。故通过研究分析得出 19.5 亿元为临界点,项目年度投资额较大时,甲方案最优;项目年度投资额较小时,丙方案最优。

第四篇

咨询顾问管理模式建议与总结

> 该篇主要是在总结 10 章对本次研究的新型咨询顾问模式提出的一些建议,通过建议采用"多项目协同管理""工程管理流程化"及"项目后评估"三方面提升带动整个咨询行业的项目管理水平,并对本项目咨询顾问模式研究进行总结,供专业领域相关专业人士进行参考。

第 10 章 项目管理建议与总结

10.1 多项目协同管理

项目协同管理(Project Cycle Management，PCM)，是对多个相关且有并行情况项目的管理模式，它是帮助实现项目与企业战略相结合的有效理论和工具，是让项目经理与企业高层管理者之间能紧密合作，充分合理利用资源的一种管理模式。

10.1.1 多项目协同机理

多项目管理是面向企业战略的，它可以将企业运营过程中的各项任务通过相互之间的相互作用构成一个个项目。反过来，企业针对其战略目标来选择项目；然后再对这些选定的项目，根据自身能力以及这些项目之间的相互关系，选择项目实施的顺序，最后再在具体的项目实施过程中进行协调，实现企业价值的最大化。

多项目管理并不是将一些项目简单地放在一起实施，而是将具有一定的特征即相互作用而连结在一起的项目进行协同实施。也就是说多项目之间必须存在某种协同的形式，这是它们被集中到一起实施的根本。

协同最常见的也是最简单的表述，就是"1＋1＞2"，即各个部分集体协同作用所产生的效果超过各个部分单独作用的效果之和。H.伊戈尔·安索夫(H. Igorre Ansof)在《公司战略》一书提出了用投资收益率(ROI)的方法来分析。

多项目协同管理首先要形成一个相互作用的多项目的系统，这个系统是为了实现企业的战略目标而建立的。这个系统集成了某些项目，它们对战略目标的实现都有贡献，并且相互作用，他们在一定程度上按照自己的生命周期运行，同时也受到其他项目的影响。多项目的系统是开放的，不仅仅表现为企业可以和外界发生资源、物质和信息的交换，还表现为企业可以与其所处环境中的其他企业发生更紧密的联系，即通过项目和其他企业发生合作协同关系。

这种系统的构建只是为多项目之间的协同提供了空间以及发生的可能。在项目的具体实施过程中，利用项目之间的相互关系、相互作用，进行项目之间的协同，使多项目协同成为现实。这种相互作用和相互关系包括相似性、互补性和流动性。所谓相似性，就是在项目的管理实施过程中，具体的职能或者技术的具体要素存在相互之间可以通用和替代的效果；所谓互补性，就是各自之间基于自己的比较优势承担相应的责任，总体上形成一个完整的"木桶"，有利于资源的使用价值的提升；所谓流动性，与相似性有点相似，而具体要素的价值发挥作用只是在项目的生命周期的某一阶段，而其他阶段则没有价值。这些作用的利用实现了企业内部的自组织，使组织处于协同状态，最终实现企业的整体绩效的提升。

10.1.2 多项目协同模型

多项目协同模型首先是建立在协同理论的基础之上，其次还需要考虑到三方面的内容，即多项目协同功能模块、多项目协同的范式模块以及项目协同技术支持模块，下面将着重对前两个方面进行分析，然后建立多项目协同管理模型。

10.1.2.1 多项目协同功能模块

多项目协同是通过企业的一些基本活动的功能进行协同，也就是说这个维度的协同体现在项目实施的具体过程中，是多项目协同的落脚点和具体的操作之处，而这些功能构成了企业的全部经营活动。

表 10-1 多项目协同功能的协同机制和潜在冲突

协同功能	协同机制	潜在冲突
战略协同	基于企业战略的优选项目群	项目之间的协调和利益的分配
资源协同	规模效应和范围经济	资源的优先使用和自由的成本的承担
人力协同	人员流动性提高人员价值和使用效率	人员收益和领导网络的凌乱
组织协同	虚拟化经营或虚拟企业	法律问题和成本分配的公正性
生产协同	设备和生产空间的协同	设备使用权限和对设备的需求层次不一
创新协同	创业过程中模块价值的共同使用	模块的标准化困难和知识产权问题

10.1.2.2 多项目协同范式模块

多项目协同的范式模块主要有以下三个方面。

1. 项目与战略之间的协同

项目的选择要使项目的结果对企业的战略有贡献，要有助于企业战略的实现，也就是说每一个项目的运行都要推动企业的战略规划系统的发展，并且项目的结束会使系统的发展超过一个临界点，使企业在战略规划上向前走了一步，有助于企业战略的实现。

2. 项目与项目之间的协同

项目之间不是相互隔绝的,它们之间可以发生相互作用,项目的具体功能被分解后,会出现各种协同的机会。项目之间的协同就是引导项目之间的作用走向提高项目价值的方向。

3. 企业内部项目与企业外部关联项目的协同

企业内部的项目系统是开放的,允许企业从企业外部寻求有助实施某一些项目的帮助,即与外部的关联项目协同。

多项目协同范式模块和协同功能模块是从不同的维度阐述多项目协同的,而将这些协同的类型结合起来,建立多项目协同管理模型,多项目协同管理模型如图10-2所示。

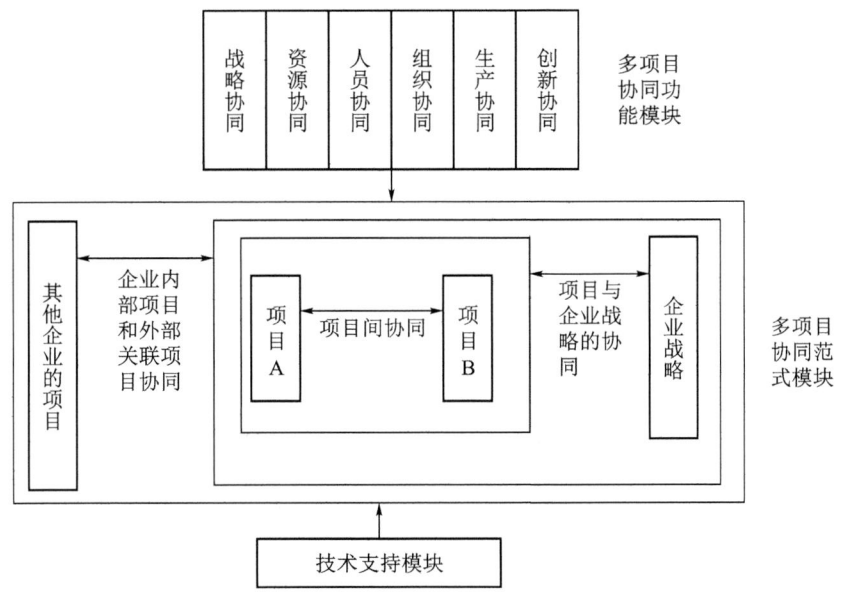

图 10-2 多项目协同管理模型

从这个模型可以看出,企业的多项目协同通过范式选择,即对协同操作的主体和对象的选择,形成协同关系的不同对象。一方面,无论是项目与项目之间的,项目与企业战略之间的,还是企业内部项目与外部项目的协同,都可以给企业项目实施带来帮助,这种协同关系的选择只是为了某一特定的目的。另一方面,就是协同发生的具体环节和行为,这是企业在多个项目协同实施时所必须考虑的,因为这些功能是项目操作的具体功能,是协同的落脚点。企业的多项目协同可以通过此模型予以解释,而且此模型能够涵盖企业主要的协同行为。

10.1.2.3 多项目协同效应

1. 多项目协同管理催生项目可行性

项目实施主体有时候需要某一特定的产品或者服务的内容支撑自己的战略步骤的延续，而自身又不能直接通过市场交易来满足，或者通过自己实施一些特定的项目对自己的发展更加有益，这就会刺激它对项目的需求。然而企业自身的力量又不足以实现这些项目，或者成功实现实施这些项目所需要的投资单个企业主体不能够承担，或者单独不足以承担其中的风险。这样就有必要与其他有共同目标的主体联合进行多项目协同管理，甚至不惜与自己的主要竞争对手协同管理。这是很常见的，尤其是在新产品开发方面，这甚至是某些规模庞大的跨国公司也会采取的。

2. 多项目协同可以降低成本

多个项目协同实施使单个项目本身作为一个子系统，通过相互作用形成一个更高层次的系统，而这个系统具有动态性，内部要素可以流动，那么就会实现规模经济、范围经济以及更加专业化的分工，这使项目的实施成本下降。

3. 多项目协同可以提高价值

多项目协同时会产生一种协同价值，这是系统处于协同状态所具备的一种能力，它导致的结果就是多项目协同状态下产生的价值会超过单个项目的价值之和。多项目的协同所具有的效应不是表现为一成不变的，它有不同的表现形式，一种最基本的就是追求突破自己项目实施的能力的瓶颈，这是使项目得以实施的基础。另外我们可以通过协同降低项目的成本或者增加价值，这就是通过不同的途径实现企业的价值增值，也就会提高项目的实施效率。然而在大多数情况下，多项目协调实施时并不是单独地出现某一效应，它们会以不同的组合形式出现，这不仅丰富了协同的形式，还给予企业在多项目管理实施过程中更多的选择空间。

10.1.2.4 多项目协同管理平台特点

国内国际市场的进一步接轨，工程建设市场正在发生深刻变化，工程建设和管理日益走向专业化。EPC多方协同项目管理平台以先进的PC项目管理理念和科学的管理方式，提升项目资源配置能力和投资控制能力，在EPC项目全生命周期中进行多方协同和业务集成，消除项目变更、达成项目数字化交付，从而达成保证质量、节约投资、缩短工期的项目管理目标。

10.1.3 EPC多方协同项目管理平台

EPC多方协同项目管理平台基于BIM技术、信息化技术，通过多参与方协同管理，实现 EPC 工程项目一体化管控(图 10-3)。

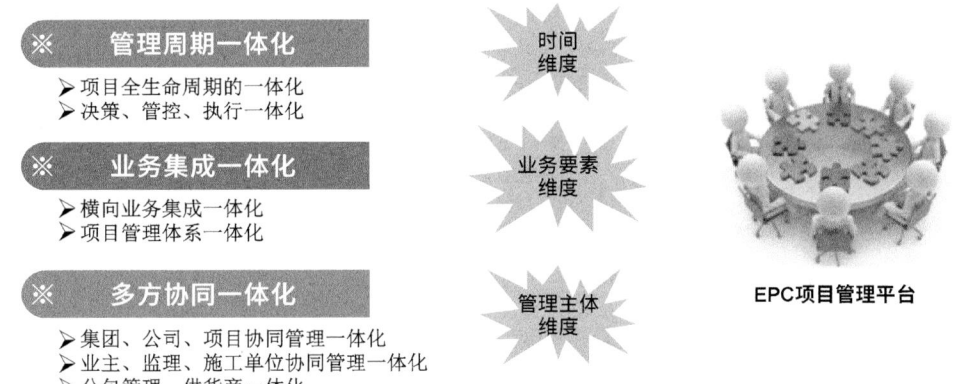

图 10-3 EPC 项目管理平台优势分析

将 EPC 项目的相关参与方,业主、设计、生产,总包、分包、施工、监理、供应商等,通过项目综合管理平台进行数据协同、业务协同、流程协同,达到项目设计、采购、施工的一体化管理,从而提升项目质量、降低成本、提高项目综合效益(图 10-4)。

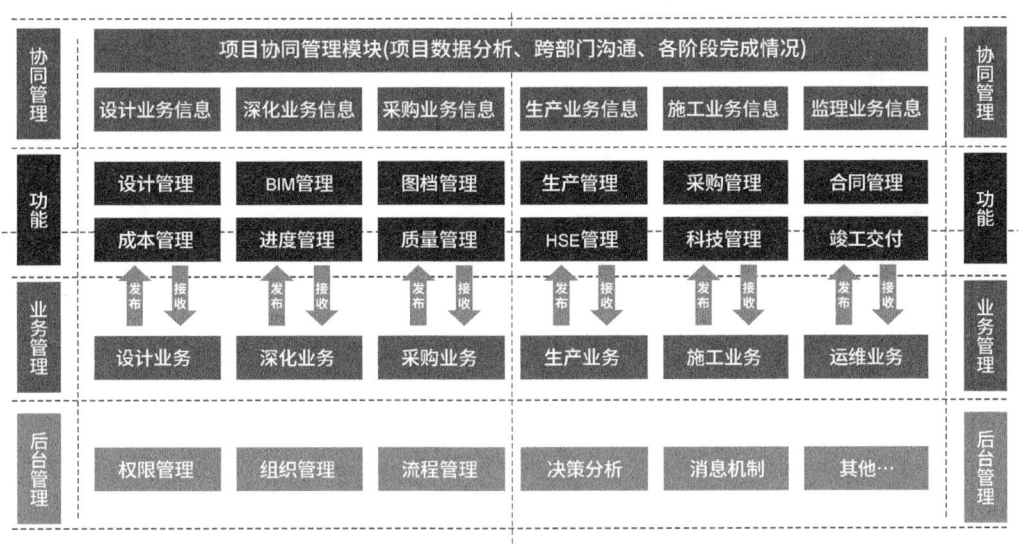

图 10-4 项目协同管理平台

10.2 工程管理流程优化

10.2.1 流程优化的概念

流程即一系列共同给客户创造价值的相互关联活动的过程,在传统以职能为中心的管理模式下，流程隐蔽在臃肿的组织结构背后，流程运作复杂、效率低下、顾客抱怨等问题层出不穷。整个组织形成了所谓的"木桶效应"。为了解决企业面对新的环境、在传统以职能为中心的管理模式下产生的问题，必须对业务流程进行重整，从本质上反思业务流程，彻底重新设计业务流程，以便在当今衡量绩效的关键（如质量、成本、速度、服务）上取得突破性的改变。

对流程的优化，不论是对流程整体的优化还是对其中部分的改进，如减少环节、改变时序，都是以提高工作质量、提高工作效率、降低成本、降低劳动强度、节约能耗、保证安全生产、减少污染等为目的。

10.2.2 流程优化路径

流程优化的主要途径是设备更新、材料替代、环节简化和时序调整。大部分流程可以通过流程改造的方法完成优化过程。对于某些效率低下的流程，也可以完全推翻原有流程，运用重新设计的方法获得流程的优化。

1. 流程改造

在难以采用设备更新和材料替代优化流程时，往往采取以下措施：

（1）取消所有不必要的工作环节和内容。有必要取消的工作，自然不必再花时间研究如何改进。某个处理、某道手续，首先要研究是否可以取消，这是改善工作程序、提高工作效率的最高原则。

（2）合并必要的工作。如工作环节不能取消，可进一步研究能否合并。为了做好某项工作，自然要有工作分工和合作。分工的目的，或是由于专业需要，为了提高工作效率；或是因工作量超过某些人员所能承受的负担。如果不是这样，就需要合并。有时为了提高效率、简化工作甚至不必过多地考虑专业分工，而且特别需要考虑保持满负荷工作。

（3）程序的合理重排。取消和合并以后，还要将所有程序按照合理的逻辑重排顺序，或者在改变其他要素顺序后，重新安排工作顺序和步骤。

在这一过程中还可进一步发现可以取消和合并的内容，使作业更有条理，工作效率更高。

（4）简化所必需的工作环节。

对程序的改进，除去可取消和合并外，余下的还可进行必要的简化，这种简化是对工作内容和处理环节本身的简化。

2. 重新设计新流程

如果决定采用重新设计的方法优化流程，可按以下步骤进行：

(1) 首先要充分理解现有流程,避免新设计中出现类似的问题。

(2) 集思广益,奇思妙想,提出新思路。

(3) 思路转变成流程设计。对新提出来的流程思路的细节进行探讨。不以现有流程设计为基础,坚持"全新设计"的立场,反复迭代,多次检讨,深入到一定细节的考虑,瞄准目标设计出新的流程。

(4) 新流程设计出来之后,应该通过模拟在现实中的运行对设计进行检验。流程图是一个描述新流程的理想手段,检验前应画出流程图。

10.2.3 流程优化方法

1. 标杆瞄准法

标杆瞄准法/基准化分析法(benchmarking,BMK),又称竞标赶超、战略竞标,是将企业各项活动与从事该项活动最佳者进行比较,从而提出行动方法,以弥补自身的不足。

2. DMAIC 模型

DMAIC 模型是实施 6σ 的一套操作方法。

DMAIC 是 6σ 管理中最重要、最经典的管理模型,主要侧重在已有流程的质量改善方面。所有 6σ 管理涉及的专业统计工具与方法,都贯穿在每一个 6σ 质量改进项目的环节中。

3. ESIA 分析法

所有企业的最终目的都应该是为了提升顾客在价值链上的价值分配。重新设计新的流程以替代原有流程的根本目的,就是为了以一种新的结构方式为顾客提供这种价值的增加及其价值增加的程度。反映到具体的流程设计上,就是尽一切可能减少流程中非增值活动,调整流程中的核心增值活动。其基本原则就是 ESIA。

4. ECRS 分析法

ECRS 分析法,即取消(eliminate)、合并(combine)、重排(rearrange)和简化(simplify)。

5. SDCA 循环

SDCA 循环就是标准化维持,即"标准、执行、检查、总结(调整)"模式,包括所有和改进过程相关的流程的更新(标准化),并使其平衡运行,然后检查过程,以确保其精确性,最后做出合理分析和调整,使过程能够满足愿望和要求。

10.2.4 工程管理过程中存在的问题

从目前来看,我国的一些企业已经具备了相对完善的工程管理体系,在工程管理流程的控制上基本符合企业自身的发展要求。但是,随着市场经济环境下行业竞争的日趋激烈,许多企业固有的工程管理体系已经无法适应激烈的市场竞争。加之企业的不断发展和壮大,企业内部的要求也在不断提升,加强工程管理过程中流程的优化工作显得十分必要,以工程管理过程中流程优化为基础,更好地带动企业的战略化发展需求,促进企业的发展和进步。

从当今我国工程管理工作的整体情况来看,许多企业在工程管理中已经取得了自己的优势,建立了符合企业自身发展的工程管理流程,并经过实践的验证得到进一步的优化,但是,在市场经济环境下,许多企业的工程管理流程并不是十分完善,需要进一步改革,在市场经济环境下促进企业内部工程管理工作的进一步优化和升级。从目前我国工程管理工作的整体情况来看,工程管理过程中呈现出了以下问题。

1. 工程质量问题

工程质量是工程管理的工作重点,只有保证高质量的工程管理工作,才能更好地提升工程管理的工作效果。从目前我国工程管理工作来看,针对工程质量的某些监管工作还不到位,比如说某工程在进行施工时对用料的选择没有严格按照设计之初的要求,为了谋求最大的利益而使用一些不达标的材料。再如,一些工程施工过程中会出现裂缝、渗水等现象,这些都不符合我国工程管理中关于质量的监管要求。质量问题一直是困扰我国工程管理的一个重要问题,在质量管理上需要进一步完善。

2. 成本管理问题

成本管理是工程管理的另外一个部分,成本管理与工程质量管理之间存在的必然的联系。首先,从成本管理与质量管理至今的关系来看,过于"谨慎"的成本管理将直接影响到工程的质量管理,不利于完成高质量的工程。其次,从工程成本管理与企业利益之间的关系来看,成本管理过于"严谨",保证企业利益最大化的实现。成本管理使工程质量管理和企业的利益最大化成为一个矛盾体。以此,在企业进行工程管理的过程中,需要不断地优化和完善企业的成本管理,在成本管理的协调下,促进成本管理与企业利益的最大化之间协调发展。

3. 工程进度监督不到位

工程进度的监督是协调整个工程进展的核心部分,在我国的工程管理过程中,工程进度监督不到位是一个十分重要的问题,尤其是在工程进展过程中,会出现一些突发性问题,面对这些突发性问题,许多企业无法恰当地进行协调和处理,影响了工程进度监督的进程,导致现实工期与计划工期之间出现一定的差距,提高了企业的工程管理成本。

10.2.5　工程管理过程中流程优化方案的探索

为了进一步促进我国工程管理过程的优化,使整个流程趋于合理化和科学化,就必须结合每一个工程管理企业的实际情况,进行具体的优化。无论是在工程的设计阶段,还是在工程施工阶段,乃至是工程竣工阶段的交工管理,都必须进行系统优化,从而制定出合理的工程管理流程方案。

1. 设计阶段的优化

工程设计阶段的管理是一个关键环节,其直接影响着我国工程管理的全过程,因此,在工程设计阶段的管理中,要积极地引进先进的设计理念,秉承着全面性的管理理论和管理原则进行工程设计阶段的优化,从而更好地提升工程设计阶段的合理性,使工程的施工阶段和最后的竣工交工阶段能够严格按照设计阶段来进行,从而使整个工程管理流程趋于合理化。

2. 施工阶段的优化

工程施工阶段的管理工作是一个十分重要的环节,其包含了多项的内容,比如说工程进度管理、工程质量管理、投资控制等,这些都属于工程施工管理的重要环节,因此,加强工程施工管理是十分重要的。首先,在工程质量管理上,要尽可能将有碍于工程质量管理的因素考虑进来,避免因为某些突发因素影响工程质量管理。同时,在工程质量管理过程中,要尽可能将人为因素、自然因素、社会因素等各方面的因素结合起来,促进工程质量管理的合理化。其次,在投资控制管理上,要在保证工程质量和工程施工的企业环节正常运行的基础上进行工程投资控制,满足企业利润最大化的要求。最后,在工程进度管理上,要将工程进度作为一个综合体来对待,并将和工程进度相关的所有因素考虑进来,使工程进度能够按照预期完成。

3. 交工阶段的优化

交工阶段的管理是工程管理过程的一个完结,要针对工程的质量进行验收,其中包含消防安全、电梯建设、燃气构建等各个方面,这些都需进行系统的验收。进一步提升工程交工阶段的验收工作,使工程能够顺利交工,推动企业的发展,促进工程管理呈现合理化趋势。

因此,以我国目前工程管理的实际情况来看,有必要进行进一步的工程管理流程优化,以工程管理流程的优化带动工程管理工作的进一步完善。在我国工程管理流程优化的过程中,需要积极促进管理内容的创新,提升管理理念的先进性,使管理方式得到进一步的提升。通过以上努力能够切实保证工程管理过程中流程的优化,从而促进工程管理流程的进一步发展。

10.3 建设项目后评估

建设项目后评估是工程项目竣工投产、生产运营一段时间后,再对项目的立项决策、设计施工、竣工投产、生产运营等全过程进行系统评价的一种技术活动,是固定资产管理的一项重要内容,也是固定资产投资管理的最后一个环节。通过建设项目后评估,可以达到肯定成绩、总结经验、研究问题、吸取教训、提出建议、改进工作、不断提高项目决策水平和投资效果的目的。

10.3.1 项目后评估的目的

项目考核评价工作是项目管理活动中很重要的一个环节,它是对项目管理行为、项目管理效果以及项目管理目标实现程度的检验和评定,是公平、公正地反映项目管理的基础,通过考核评价工作,使项目管理人员能够正确地认识自己的工作水平和业绩,并且能够进一步地总结经验,找出差距,吸取教训,从而提高企业的项目管理水平和管理人员的素质。

10.3.2 项目后评估的任务

根据项目后评估所要回答的问题以及项目自身的特点,项目后评估主要的任务是:
(1) 评价项目目标的实现程度。
(2) 评价项目的决策过程,主要评价决策所依据的资料和决策程序的规范性。
(3) 评价项目具体实施过程。
(4) 分析项目成功或失败的原因。
(5) 评价项目的运行效益。
(6) 分析项目的影响和可持续发展。
(7) 综合评价项目的成功度。

10.3.3 项目后评估的原则

1. 现实性

工程项目后评估是对工程项目投产后一段时间所发生的情况的一种总结评价。它分析研究的是项目的实际情况,所依据的数据资料是现实发生的真实数据或根据实际情况重新预测的数据,总结的是现实存在的经验教训,提出的是实际可行的对策措施。工程项目后评估的现实性决定了其评价结论的客观可靠性。而项目前评价分析研究的是项目的预测情况,所采用的数据都是预测数据。

2. 独立性

后评估必须保证公正性和独立性,这是一条重要的原则。公正性标志着后评估及评价者的信誉,避免在发生问题、分析原因和做结论时避重就轻,受项目利益的束缚和局限,作出不客观的评价。独立性标志着后评估的合法性,后评估应从项目投资者、受援者或项目业主以外的第三者的角度出发,独立地进行,特别是要避免项目决策者和管理者自己评价自己的情况发生。公正性和独立性应贯穿后评估的全过程,即从后评估项目的选定、计划的编制、任务的委托、评价者的组成,到评价过程和报告。

3. 可信性

后评估的可信性取决于评价者的独立性和经验,取决于资料信息的可靠性和评价方法的实用性。可信性的一个重要标志是应同时反映出项目的成功经验和失败教训,这就要求评价者具有广泛的阅历和丰富的经验。同时,后评估也提出了"参与"的原则,要求项目执行者和管理者参与后评估,以利于收集资料和查明情况。为增强评价者的责任感和可信度,评价报告要注明评论者的名称或姓名。评价报告要说明所用资料的来源或出处,报告的分析和结论应有充分可靠的依据。评价报告还应说明评价所采用的方法。

4. 全面性

工程项目后评估的内容具有全面性,即不仅要分析项目的投资过程,而且还要分析其生产经营过程;不仅要分析项目的投资经济效益,而且还要分析其社会效益、环境效益等。另外,它还要分析项目经营管理水平和项目发展的后劲和潜力。

5. 透明性

透明性是后评估的另一项重要原则。从可信性来看,要求后评估的透明度越大越好,因为后评估往往需要引起公众的关注,对投资决策活动及其效益和效果实施更有效的社会监督。从后评估成果的扩散和反馈的效果来看,成果及其扩散的透明度也是越大越好,使更多的人借鉴过去的经验教训。

6. 反馈性

工程项目后评估的目的在于对现有情况的总管理水平,为以后的宏观决策、微观决策和建设提供依据和借鉴。因此,后评估的最主要特点是具有反馈特性。项目后评估的结果需要反馈到决策部门,作为新项目的立项和评价基础,以及调整工程规划和政策的依据,这是后评估的最终目的。因此,后评估的结论的扩散以及反馈机制、手段和方法成为后评估成败的关键环节之一。

10.3.4 项目后评估的作用

建设项目后评估的作用体现在以下几个方面:

(1) 有利于提高项目决策水平。一个建设项目的成功与否,主要取决于立项决策是否正确。大部分项目的立项决策是正确的,但也不乏立项决策明显失误的项目。

(2) 有利于提高设计施工水平。通过项目后评估,可以总结建设项目设计施工过程中的经验教训,从而有利于不断提高工程设计施工水平。

(3) 有利于提高生产能力和经济效益。建设项目投产后,经济效益好坏、何时能达到生产能力(或产生效益)等问题,是后评估十分关心的问题。如果有的项目到了达产期不能达产,或虽已达产但效益很差,后评估时就要认真分析原因,提出措施,促其尽快达产,努力提高经济效益,使建成后的项目充分发挥作用。

(4) 有利于提高引进技术和装备的成功率。通过后评估,总结引进技术和装备过程中成功的经验和失误的教训,提高引进技术和装备的成功率。

(5) 有利于控制工程造价。目前,在建设项目前期决策阶段的咨询评估,在建设过程中的招投标等都是控制工程造价行之有效的方法。通过后评估,总结这方面的经验教训,对于控制工程造价将会起到积极的作用。

10.3.5 项目后评估的内容

1. 项目过程后评估

对建设项目的立项决策、设计施工、竣工投产、生产运营等全过程进行系统分析,找出项目后评估与原预期效益之间的差异及其产生的原因,使后评估结论有根有据,同时针对问题提出解决的办法。

2. 项目效益后评估

通过项目竣工投产后所产生的实际经济效益与可行性研究时所预测的经济效益相比较,对项目进行评价。对生产性建设项目,要运用投产运营后的实际资料,计算财务内部收益率、财务净现值、财务净现值率、投资利润率、投资利税率、贷款偿还期、国民经济内部收益率、经济净现值、经济净现值率等一系列后评估指标,然后与可行性研究阶段所预测的相应指标进行对比,从经济上分析项目投产运营后是否达到了预期效果。没有达到预期效果的,应分析原因,采取措施,提高经济效益。

3. 项目影响后评估

通过项目竣工投产（营运、使用）后对社会的经济、政治、技术和环境等方面所产生的影响来评价项目决策的正确性。如果项目建成后达到了原来预期的效果，对国民经济发展、产业结构调整、生产力布局、人民生活水平提高、环境保护等方面都带来有益的影响，说明项目决策是正确的；如果背离了既定的决策目标，就应具体分析，找出原因，引以为戒。

（1）项目环境影响后评估。实施环境影响评价的依据是国家环保法的规定、国家和地方环境质量标准、污染物排放标准以及相关产业部门的环保规定。在审核已实施的环境评价报告和评价环境影响的同时，要对未来进行预测。对有可能产生突发性事故的项目，要有环境影响的风险分析。

（2）项目社会影响后评估。社会影响评价的主要内容是项目对当地经济和社会发展以及技术进步的影响，一般包含6个方面，项目对当地就业的影响，对当地收入分配的影响，对居民生活条件和生活质量的影响，受益者范围及其反映，各方面的参与情况，地区的发展等。社会评价影响的方法是定性和定量相结合，以定性为主，在诸要素评价分析的基础上进行综合评价。

10.3.6 项目后评估工作的组织实施

1. 项目后评估的工作时机

建设项目后评估在建设工程项目建成和竣工验收后所进行的评价，其后评估的时间范围如图 10-5 所示（从 D 点到 F 点）。

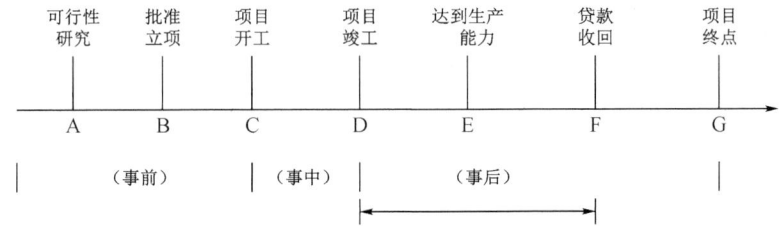

图 10-5 项目节点及后评估时间范围图

2. 项目后评估的组织实施

项目后评估任务提出单位，应将进行项目后评估工作的评价范围、目的、任务和具体要求，通知项目业主和项目管理机构，要求项目业主和项目管理者做好准备，并积极配合，提供相关的数据资料。咨询评价单位接受项目后评估任务后，应及时任命项目后评估负责人，并成立后评估工作小组。

10.3.7 项目后评估的工作程序

各个项目的工程额、建设内容、建设规模等不同,其后评估的程序也有所差异,但大致要经过以下几个步骤。

1. 确定后评估计划

制订必要的计划是项目后评估的首要工作。项目后评估的提出单位可以是国家有关部门、银行,也可以是工程项目者。项目后评估机构应当根据项目的具体特点,确定项目后评估的具体对象、范围、目标,据此制订必要的后评估计划。项目后评估计划的主要内容包括组织后评估小组、配备有关人员、时间进度安排、确定后评估的内容与范围、选择后评估所采用的方法等。

2. 收集与整理有关资料

根据制订的计划,后评估人员应制订详细的调查提纲,确定调查的对象与调查所用的方法,收集有关资料。这一阶段所要收集的资料主要包括:

(1) 项目建设的有关资料。这方面的资料主要包括项目建议书、可行性研究报告、项目评价报告、工程概算(预算)和决算报告、项目竣工验收报告以及有关合同文件等。

(2) 项目运行的有关资料。这方面的资料主要包括项目投产后的电量负荷情况,有无出现事故等。

(3) 国家有关经济政策与规定等资料。这方面的资料主要包括与项目有关的国家宏观经济政策、产业政策、金融政策、工程政策、税收政策、环境保护、社会责任以及其他有关政策与规定等。

(4) 项目所在行业的有关资料。这方面的资料主要包括国内外同行业项目的劳动生产率水平、技术水平、经济规模与经营状况等。

(5) 有关部门制订的后评估的方法。各部门规定的项目后评估方法所包括的内容略有差异,项目后评估人员应当根据委托方的意见,选择后评估方法。

(6) 其他有关资料。根据项目的具体特点与后评估的要求,还要收集其他有关的资料,如项目的技术资料、设备运行资料等。在收集资料的基础上,项目后评估人员应当对有关资料进行整理、归纳,如有异议或发现资料不足,可做进一步的调查研究。

3. 应用评价方法分析论证

在充分占有资料的基础上,项目后评估人员应根据国家有关部门制订的后评估方法,对项目建设与生产过程进行全面的定量与定性分析论证。

4. 编制项目后评估报告

项目后评估报告是项目后评估的最终成果,是反馈经验教训的重要文件。项目后评估报告的编制必须坚持客观、公正和科学的原则,反映真实情况,报告的文字要准确、简练,尽可能不用过分生疏的专业化词汇;报告内容的结论、建议要和问题分析相对应,并把评价结果与将来规划和政策的制订、修改相联系。项目后评估报告提纲如表 10-2 所示。

表 10-2 项目后评估报告提纲

结构	主要内容	
前言		
FC 项目概况	① 建设目的和目标	
	② 工程建设内容和进度	
	③ 项目投资和资金来源	
	④ 项目运营情况	
FC 项目实施过程评价	① 项目实施过程	
	② 项目实施过程中的变化	
	③ 主要问题及原因分析	
FC 项目效益评价	① 财务评价(盈利能力分析、清偿能力分析和外汇平衡分析)	
	② 国民经济评价(编制全投资、国内投资经济效益和费用流量表、外汇流量表、国内资源流量表等)	
	③ 效益分析	
FC 项目影响评价	项目的环境影响评价	① 项目的污染控制
		② 区域的环境质量
		③ 自然资源的利用
		④ 区域的生态平衡和环境管理能力
	项目的社会影响评价	① 项目对当地就业的影响
		② 对当地收入分配的影响
		③ 对居民生活条件和生活质量的影响
		④ 受益者范围及其反映
		⑤ 各方面的参与状况
		⑥ 地区的发展状况
结论		
主要经验教训		
建议		

10.4 本书研究创新模式总结

本项目团队针对工程咨询顾问的引入进行研究,主要对咨询顾问与一些大型集团各部门进行项目对接时的业务协同工作、咨询顾问的引入模式、咨询顾问的考核方式和咨询顾问的付费模式进行深入研究,在本次研究过程开展中得到了各级领导的大力支持,本项目团队成立了研究小组进行独立分析,总结如下:

10.4.1 咨询顾问与各业务板块的协同

大型企业集团内部较为复杂,故作者通过纵横两个维度的模式引入了协同任务分工矩阵表,详见第 9 章的相关内容。熟悉"三控三管一协调"的管理思路,站在业主的立场上进行分析,该矩阵表供大型企业集团领导参考。

10.4.2 咨询顾问的引入模式

大型企业项目总体建设规模庞大,投资金额巨量,周期极长,复杂程度前所未有的高,意义极其重大,在咨询顾问公司的选择上可说没有先例可循。综合多种招投标模式、工程咨询顾问的类型和多种影响因素的全盘考虑,建议采用联合体的方式进行引入。先明确需要引入的联合体的各项资质,包括国际视野、资质要求、专业程度、匹配性、经性原则等确定之后,在备选咨询公司库中遴选。

10.4.3 咨询顾问的考核方式

从工程咨询的本质来看,工程咨询是一种高智商的技术服务活动。综合多种绩效考核模式考虑,建议以 MBO 考核方式为主,根据咨询工程师参与项目建设的深度和工作内容,适当加入 KPI 或 BSC 的过程考核指标。

10.4.4 咨询顾问的付费模式

本项目涉及大型企业集团子公司的咨询团队作为该集团和各专业项目咨询服务公司之外的第三级,既参与了所涵盖的各项工程建设环节,又并非独立完成各专业项目咨询公司的服务内容,其作用和地位的特殊性决定了无法简单、直接采用现有的取费模式。均衡考量大型企业集团和子公司咨询服务团队双方的责权利,根据方案对比表。通过研究分析,得出 19.5 亿元为临界点,项目年度投资额较大时甲方案最优,项目年度投资额较小时丙方案最优的实施方案。

附 录

附录 A 工程咨询行业管理办法

第一章 总则

第一条 为加强对工程咨询行业的管理，规范从业行为，保障工程咨询服务质量，促进投资科学决策、规范实施，发挥投资对优化供给结构的关键性作用，根据《中共中央国务院关于深化投融资体制改革的意见》（中发〔2016〕18号）、《企业投资项目核准和备案管理条例》（国务院令第673号）及有关法律法规，编制本办法。

第二条 工程咨询是遵循独立、公正、科学的原则，综合运用多学科知识、工程实践经验、现代科学和管理方法，在经济社会发展、境内外投资建设项目决策与实施活动中，为投资者和政府部门提供阶段性或全过程咨询和管理的智力服务。

第三条 工程咨询单位是指在中国境内设立的从事工程咨询业务并具有独立法人资格的企业、事业单位。

工程咨询单位及其从业人员应当遵守国家法律法规和政策要求，恪守行业规范和职业道德，积极参与和接受行业自律管理。

第四条 国家发展改革委负责指导和规范全国工程咨询行业发展，制定工程咨询单位从业规则和标准，组织开展对工程咨询单位及其人员执业行为的监督管理。地方各级发展改革部门负责指导和规范本行政区域内工程咨询行业发展，实施对工程咨询单位及其人员执业行为的监督管理。

第五条 各级发展改革部门对工程咨询行业协会等行业组织进行政策和业务指导，依法加强监管。

第二章 工程咨询单位管理

第六条 对工程咨询单位实行告知性备案管理。工程咨询单位应当通过全国投资项目在线审批监管平台（以下简称在线平台）备案以下信息：

（一）基本情况，包括企业营业执照（事业单位法人证书）、在岗人员及技术力量、从事工程咨询业务年限、联系方式等。

（二）从事的工程咨询专业和服务范围。

（三）备案专业领域的专业技术人员配备情况。

（四）非涉密的咨询成果简介。

工程咨询单位应当保证所备案信息真实、准确、完整。备案信息有变化的，工程咨询单位应及时通过在线平台告知。工程咨询单位基本信息由国家发展改革委通过在线平台向社会公布。

第七条 工程咨询业务按照以下专业划分：

（一）农业、林业；

（二）水利水电；

（三）电力（含火电、水电、核电、新能源）；

（四）煤炭；

（五）石油天然气；

（六）公路；

（七）铁路、城市轨道交通；

（八）民航；

（九）水运（含港口河海工程）；

（十）电子、信息工程（含通信、广电、信息化）；

（十一）冶金（含钢铁、有色）；

（十二）石化、化工、医药；

（十三）核工业；

（十四）机械（含智能制造）；

（十五）轻工、纺织；

（十六）建材；

（十七）建筑；

（十八）市政公用工程；

（十九）生态建设和环境工程；

（二十）水文地质、工程测量、岩土工程；

（二十一）其他（以实际专业为准）。

第八条 工程咨询服务范围包括：

（一）规划咨询：含总体规划、专项规划、区域规划及行业规划的编制。

（二）项目咨询：含项目投资机会研究、投融资策划，项目建议书（预可行性研究）、项目可行性研究报告、项目申请报告、资金申请报告的编制，政府和社会资本合作（PPP）项目咨询等。

（三）评估咨询：各级政府及有关部门委托的对规划、项目建议书、可行性研究报告、项目申请报告、资金申请报告、PPP项目实施方案、初步设计的评估，规划和项目中期评价、后评估，项目概预决算审查，及其他履行投资管理职能所需的专业技术服务。

（四）全过程工程咨询：采用多种服务方式组合，为项目决策、实施和运营持续提供局部或整体解决方案以及管理服务。有关工程设计、工程造价、工程监理等资格，由国务院有关主管部门认定。

第九条　工程咨询单位订立服务合同和开展相应的咨询业务，应当与备案的专业和服务范围一致。

第十条　工程咨询单位应当建立健全咨询质量管理制度，建立和实行咨询成果质量、成果文件审核等岗位人员责任制。

第十一条　工程咨询单位应当和委托方订立书面合同，约定各方权利义务并共同遵守。合同中应明确咨询活动形成的知识产权归属。

第十二条　工程咨询实行有偿服务。工程咨询服务价格由双方协商确定，促进优质优价，禁止价格垄断和恶意低价竞争。

第十三条　编写咨询成果文件应当依据法律法规、有关发展建设规划、技术标准、产业政策以及政府部门发布的标准规范等。

第十四条　咨询成果文件上应当加盖工程咨询单位公章和咨询工程师（投资）执业专用章。

工程咨询单位对咨询质量负总责。主持该咨询业务的人员对咨询成果文件质量负主要直接责任，参与人员对其编写的篇章内容负责。

实行咨询成果质量终身负责制。工程咨询单位在开展项目咨询业务时，应在咨询成果文件中就符合本办法第十三条要求，及独立、公正、科学的原则作出信用承诺。工程项目在设计使用年限内，因工程咨询质量导致项目单位重大损失的，应倒查咨询成果质量责任，并根据本办法第三十、三十一条进行处理，形成工程咨询成果质量追溯机制。

第十五条　工程咨询单位应当建立从业档案制度，将委托合同、咨询成果文件等存档备查。

第十六条　承担编制任务的工程咨询单位，不得承担同一事项的评估咨询任务。

承担评估咨询任务的工程咨询单位，与同一事项的编制单位、项目业主单位之间不得存在控股、管理关系或者负责人为同一人的重大关联关系。

第三章　从业人员管理

第十七条　国家设立工程咨询（投资）专业技术人员水平评价类职业资格制度。

通过咨询工程师（投资）职业资格考试并取得职业资格证书的人员，表明其已具备从事工程咨询（投资）专业技术岗位工作的职业能力和水平。

取得咨询工程师（投资）职业资格证书的人员从事工程咨询工作的，应当选择且仅能同时选择一个工程咨询单位作为其执业单位,进行执业登记并取得登记证书。

第十八条 咨询工程师(投资)是工程咨询行业的核心技术力量。工程咨询单位应当配备一定数量的咨询工程师(投资)。

第十九条 国家发展改革委和人力资源社会保障部按职责分工负责工程咨询(投资)专业技术人员职业资格制度实施的指导、监督、检查工作。

中国工程咨询协会具体承担咨询工程师(投资)的管理工作,开展考试、执业登记、继续教育、执业检查等管理事务。

第二十条 执业登记分为初始登记、变更登记、继续登记和注销登记四类。

申请登记的人员,应当选择已通过在线平台备案的工程咨询单位,按照本办法第七条划分的专业申请登记。申请人最多可以申请两个专业。

第二十一条 申请人登记合格取得《中华人民共和国咨询工程师(投资)登记证书》和执业专用章,登记证书和执业专用章是咨询工程师(投资)的执业证明。登记的有效期为3年。

第四章 行业自律和监督检查

第二十二条 工程咨询单位应具备良好信誉和相应能力。国家发展改革委应当推进工程咨询单位资信管理体系建设,指导监督行业组织开展资信评价,为委托单位择优选择工程咨询单位和政府部门实施重点监督提供参考依据。

第二十三条 工程咨询单位资信评价等级以一定时期内的合同业绩、守法信用记录和专业技术力量为主要指标,分为甲级和乙级两个级别,具体标准由国家发展改革委制定。

第二十四条 甲级资信工程咨询单位的评定工作,由国家发展改革委指导有关行业组织开展。

乙级资信工程咨询单位的评定工作,由省级发展改革委指导有关行业组织开展。

第二十五条 开展工程咨询单位资信评价工作的行业组织,应当根据本办法及资信评价标准开展资信评价工作,并向获得资信评价的工程咨询单位颁发资信评价等级证书。

第二十六条 工程咨询单位的资信评价结果,由国家和省级发展改革委通过在线平台和"信用中国"网站向社会公布。

行业自律性质的资信评价等级,仅作为委托咨询业务的参考。任何单位不得对资信评价设置机构数量限制,不得对各类工程咨询单位设置区域性、行业性从业限制,也不得对未参加或未获得资信评价的工程咨询单位设置执业限制。

第二十七条 国家和省级发展改革委应当依照有关法律法规、本办法及有关规定,

制订工程咨询单位监督检查计划,按照一定比例开展抽查,并及时公布抽查结果。监督检查内容主要包括:

(一)遵守国家法律法规及有关规定的情况;

(二)信息备案情况;

(三)咨询质量管理制度建立情况;

(四)咨询成果质量情况;

(五)咨询成果文件档案建立情况;

(六)其他应当检查的内容。

第二十八条 中国工程咨询协会应当对咨询工程师(投资)执业情况进行检查。检查内容包括:

(一)遵守国家法律法规及有关规定的情况;

(二)登记申请材料的真实性;

(三)遵守职业道德、廉洁从业情况;

(四)行使权利、履行义务情况;

(五)接受继续教育情况;

(六)其他应当检查的情况。

第二十九条 国家和省级发展改革委应当对实施行业自律管理的工程咨询行业组织开展年度评估,提出加强和改进自律管理的建议。对评估中发现问题的,按照本办法第三十二条处理。

第五章 法律责任

第三十条 工程咨询单位有下列行为之一的,由发展改革部门责令改正;情节严重的,给予警告处罚并从备案名录中移除;已获得资信评价等级的,由开展资信评价的组织取消其评价等级。触犯法律的,依法追究法律责任。

(一)备案信息存在弄虚作假或与实际情况不符的;

(二)违背独立公正原则,帮助委托单位骗取批准文件和国家资金的;

(三)弄虚作假、泄露委托方的商业秘密以及采取不正当竞争手段损害其他工程咨询单位利益的;

(四)咨询成果存在严重质量问题的;

(五)未建立咨询成果文件完整档案的;

(六)伪造、涂改、出租、出借、转让资信评价等级证书的;

(七)弄虚作假、提供虚假材料申请资信评价的;

(八)弄虚作假、帮助他人申请咨询工程师(投资)登记的;

（九）其他违反法律法规的行为。对直接责任人员,由发展改革部门责令改正,或给予警告处罚;涉及咨询工程师(投资)的,按本办法第三十一条处理。

第三十一条 咨询工程师(投资)有下列行为之一的,由中国工程咨询协会视情节轻重给予警告、通报批评、注销登记证书并收回执业专用章。触犯法律的,依法追究法律责任。

（一）在执业登记中弄虚作假的;

（二）准许他人以本人名义执业的;

（三）涂改或转让登记证书和执业专用章的;

（四）接受任何影响公正执业的酬劳的。

第三十二条 行业组织有下列情形之一的,由国家或省级发展改革委责令改正或停止有关行业自律管理工作;情节严重的,对行业组织和责任人员给予警告处罚。触犯法律的,依法追究法律责任。

（一）无故拒绝工程咨询单位申请资信评价的;

（二）无故拒绝申请人申请咨询工程师(投资)登记的;

（三）未按规定标准开展资信评价的;

（四）未按规定开展咨询工程师(投资)登记的;

（五）伙同申请单位或申请人弄虚作假的;

（六）其他违反法律、法规的行为。

第三十三条 工程咨询行业有关单位、组织和人员的违法违规信息,列入不良记录,及时通过在线平台和"信用中国"网站向社会公布,并建立违法失信联合惩戒机制。

第六章 附则

第三十四条 本办法所称省级发展改革委是指各省、自治区、直辖市及计划单列市、新疆生产建设兵团发展改革委。

第三十五条 本办法由国家发展改革委负责解释。

第三十六条 本办法自 2017 年 12 月 6 日起施行。《工程咨询单位资格认定办法》(国家发展改革委 2005 年第 29 号令)、《国家发展改革委关于适用〈工程咨询单位资格认定办法〉有关条款的通知》(发改投资〔2009〕620 号)、《咨询工程师(投资)管理办法》(国家发展改革委 2013 年第 2 号令)同时废止。

附录 B　关于推进全过程工程咨询服务发展的指导意见（征求意见稿）

为贯彻落实中央城市工作会议精神和《国务院办公厅关于促进建筑业持续健康发展的意见》（国办发〔2017〕19号），进一步完善我国工程建设组织模式，推进全过程工程咨询服务发展，培育具有国际竞争力的工程咨询企业，推动我国工程咨询行业转型升级，提升工程建设质量和效益，现提出如下意见。

一、总体思路

（一）指导思想

深入贯彻落实党的十九大精神，以习近平新时代中国特色社会主义思想为指导，按照高质量发展的要求，深化工程建设组织管理模式改革，培育全过程工程咨询服务市场，推进工程咨询服务业供给侧结构性改革，增强工程咨询企业核心竞争力，实现工程咨询行业组织结构调整与资源优化组合，促进建筑业持续健康发展，全面提升工程建设质量和投资效益。

（二）基本原则

1. 市场化为基础。发挥市场在资源配置中的决定性作用，鼓励有能力的工程咨询企业采取联合经营、并购重组等方式提供集成化、多样化的全过程工程咨询服务内容，形成与不同投资主体需求相适应的全过程工程咨询服务组织模式；通过投资主体的需求引领和工程咨询企业能力的提升，形成统一开放、公平竞争、主体多元、服务多样、运作有序的全过程工程咨询服务市场。

2. 国际化为导向。借鉴和参照国际通行规则开展全过程工程咨询服务，结合国际大型工程顾问公司的业务特征，培育既熟悉国际规则又能符合国内建筑市场需求的高水平工程咨询服务企业和人才队伍；鼓励有能力的工程咨询企业积极参与国际竞争，推动中国工程咨询行业"走出去"，为实现"一带一路"倡议服务。

3. "放管服"相结合。坚持推进"放管服"改革，不新设行政审批事项，减少约束和限制,进一步激发市场活力和社会创造力,促进市场主体公平竞争;做好对实施全过程工程咨询项目的事中、事后监管,做到公正监管、综合监管、审慎监管;优化政府服务,对实施全过程工程咨询的工程项目提供有力的支持,创造良好的政策和市场环境,鼓励企业创新和自由发展。

(三)主要目标

培育一批具有国际水平的全过程工程咨询企业,基本形成统一开放、竞争有序的全过程工程咨询服务市场,建立与市场相适应的全过程工程咨询服务管理体系;逐步建立健全与全过程工程咨询相适应的项目审批和监管制度,建立全过程工程咨询诚信评价体系;实施人才发展战略,培养与行业发展相适应的人才队伍。

二、工作重点

(四)培育全过程工程咨询市场

1. 明确全过程工程咨询服务的定义。全过程工程咨询是对工程建设项目前期研究和决策以及工程项目实施和运行(或称运营)的全生命周期提供包含设计和规划在内的涉及组织、管理、经济和技术等各有关方面的工程咨询服务。全过程工程咨询服务可采用多种组织方式,为项目决策、实施和运营持续提供局部或整体解决方案。

2. 鼓励有能力的工程咨询企业积极参与全过程工程咨询服务。工程咨询企业可根据企业自身的优势和特点积极延伸服务内容,提供项目建设可行性研究、项目实施总体策划、工程规划、工程勘察与设计、项目管理、工程监理、造价咨询及项目运行维护管理等全方位的全过程工程咨询服务。

3. 政府和国有投资项目带头推行全过程工程咨询。各地要充分发挥政府和国有投资项目的示范引领作用,引导一批有影响力、有示范作用的政府投资和国有投资项目带头推行全过程工程咨询。

4. 鼓励非政府和国有投资项目委托全过程工程咨询服务。非政府和国有投资项目的建设单位可根据项目规模和特点,本着信誉可靠、综合能力和效率优先的原则,选择优秀团队实施全过程工程咨询。

(五)建立全过程工程咨询管理机制

1. 全过程工程咨询服务的组织模式。全过程工程咨询服务可由一家具有综合能力的工程咨询企业实施,或可由多家具有不同专业特长的工程咨询企业联合实施,也可以根据建设单位的需求,依据全过程工程咨询企业自身的条件和能力,为工程建设全过程中的几个阶段提供不同层面的组织、管理、经济和技术服务。由多家工程咨询企业联合实施全过程工程咨询的,应明确牵头单位,并明确各单位的权利、义务和责任。

2. 全过程工程咨询服务的委托。建设单位应将全过程工程咨询中的前期研究、规划和设计等工程设计类服务,以及项目管理、工程监理、造价咨询等工程项目控制和管理类服务委托给一家工程咨询企业或由多家企业组成的联合体或合作体。建设单位在项目筹划阶段选择具有相应工程勘察、设计或监理资质的企业开展全过程工程咨询服务,可不再另行委托勘察、设计或监理。同一项目的工程咨询企业不得与工程总承包企业、施工企业具有利益关系。

3. 全过程工程咨询服务的酬金。全过程工程咨询服务费应在工程概算中列支。建设单位应当根据工程项目的规模和复杂程度,工程咨询的服务范围、内容和期限等与工程咨询企业协商确定服务酬金。全过程工程咨询服务的酬金可按各项专项服务的费用相叠加并增加相应统筹费用后计取,也可按照国际上通行的人员成本加酬金的方式计取。全过程工程咨询服务企业应努力提升服务能力和水平,通过为工程建设和运行增值的效果体现其自身的市场价值,避免采取降低咨询服务酬金的方式进行市场竞争,禁止采用低于成本价的恶性市场竞争行为。鼓励建设单位根据咨询服务节约的投资额对咨询企业进行奖励。

4. 提供全过程工程咨询服务企业的能力要求。提供全过程工程咨询服务的企业应当具有相应的组织、管理、经济、技术和法规等咨询服务能力,同时具有良好的信誉、相应的组织机构、健全的工程咨询服务管理体系和风险控制能力。全过程工程咨询服务企业承担勘察、设计或监理咨询服务时,应当具有与工程规模及委托内容相适应的资质条件。

5. 全过程工程咨询项目负责人及相关执业人员的基本要求。全过程工程咨询项目负责人应取得工程建设类注册执业资格或具有工程类、工程经济类高级职称,并具有类似工程经验。对于承担全过程工程咨询服务中勘察、设计或监理岗位的人员应具有现行法规规定的相应执业资格。

6. 全过程工程咨询服务的转委托。工程咨询企业应当自行完成自有资质证书许可范围内的业务,在保证整个工程项目完整性的前提下,按照合同约定或经建设单位同意,将约定的部分咨询业务择优转委托给具有相应资质或能力的企业,工程咨询企业应对转委托企业的委托业务承担连带责任。

7. 提供全过程工程咨询服务企业的义务和责任。全过程工程咨询服务企业对其咨询成果的数据真实性、有效性和科学性负责,通过勤勉工作履行合同约定的各项义务,承担相应的责任。

(六) 提升工程咨询企业全过程工程咨询的能力和水平

1. 完善工程咨询企业的组织机构。全过程工程咨询服务企业应根据全过程工程咨询服务的实际需要,建立与之相适应的专业部门,加强和完善企业组织机构和人员结构;构建企业的核心竞争力,培育既能提供综合性的多元化服务,又能对系统性问题提供一站式整合服务的能力;大型工程咨询服务企业应积极吸收国际化人才,构建网络型组织,努力实现全球化服务。

2. 加强工程咨询人才队伍建设。工程咨询企业要高度重视全过程工程咨询的项目负责人及相关专业人才的培养,加强组织、管理、法律、经济及技术的理论知识培训,培养一批符合全过程工程咨询服务需求的具有项目前期研究、工程设计、工程施工和工程管理能力的综合人才和专业人才,为开展全过程工程咨询业务提供人才支撑。

3. 加强全过程工程咨询服务管理体系建设。工程咨询企业要不断建立和完善自身的技术标准、管理标准、质量管理体系、职业健康安全和环境管理体系,通过工程咨询服务的实践经验,建立具有自身特色的全过程工程咨询服务管理体系及服务标准;应充分开发和利用包括BIM、大数据、物联网等在内的信息技术和信息资源,努力提高信息化管理与应用水平,为开展全过程工程咨询业务提供保障。

4. 开展国际合作与交流。鼓励企业与国际著名的工程顾问公司开展多种形式的合作,通过合作与交流,拓宽视野,提高业务水平,提升企业国际工程咨询服务竞争力,积极参与国际竞争,扩大我国工程咨询企业在国际上的知名度。

(七)建立全过程工程咨询服务技术标准和合同体系

研究建立全过程工程咨询服务技术标准体系,促进全过程工程咨询服务科学化、标准化和规范化;发布全过程工程咨询合同示范文本,保障合同各方的合法权益;鼓励具备相应能力的行业协会、研究机构和企业等,加强全过程工程咨询理论研究,为全过程工程咨询服务发展提供理论指导。

三、保障措施

(八)组织领导

各级政府主管部门要高度重视全过程工程咨询服务的推进和发展,创新建设工程管理机制,完善相关配套政策,加强对全过程工程咨询服务活动的宏观引导和支持服务,加强与发改委、财政、税务、审计等有关部门的沟通协调,切实解决制约全过程工程咨询项目实施中的实际问题。

(九)示范引领

各级政府主管部门要引导和鼓励工程建设项目采用全过程工程咨询模式,从试点项目和参与企业入手,通过示范和引领,逐步培育一批全过程工程咨询骨干企业,提高全过程工程咨询的供给质量和能力;鼓励未列入试点的地区和企业积极探索和开展全过程工程咨询,及时总结和推广经验,扩大全过程工程咨询的影响力。

(十)发挥行业协会组织作用

行业协会应当充分发挥政府与企业间的桥梁纽带作用,积极反映企业诉求,协助政府开展相关政策研究,引导企业提升全过程工程咨询服务能力;通过市场调研及综合评估发布全过程工程咨询服务酬金或人员薪酬等信息,加强行业诚信自律体系建设,规范企业和从业人员的市场行为;开展团体标准研究,为全过程工程咨询服务规范化和科学化提供依据。

附录C 建设工程咨询服务合同示范文本

工程咨询服务协议书

_____(以下简称"客户")与_____
_____(以下简称"工程咨询方")经双方协商一致,签订本协议。

一、客户委托工程咨询方提供_____
(列委托服务内容)咨询服务,并已接受工程咨询方为履行该服务所提出的建议书和其他报价等文件。

二、本协议书中的词语与所属的服务协议书条件及有关附件同义。

三、下列文件均为本协议书的组成部分:

(1) 委托函或中标函;

(2) 工程咨询服务协议书通用条件;

(3) 工程咨询服务协议书专用条件;

(4) 附件,即:

附件1——委托工程咨询服务范围;

附件2——客户提供的职员、设备、设施和其他人员的服务;

附件3——报酬和支付;

附件4——工程咨询方的人员与岗位;

(5) 在实施过程中共同签署的补充和修正文件。

四、工程咨询方向客户承诺,按照本协议约定提供工程咨询相关服务。

五、客户向工程咨询方承诺,按照本协议约定派遣相应的人员,提供房屋、资料、设备,并按本合同约定支付酬金。

本协议书正本一式两份,具有同等法律效力,双方各执一份。副本____份,各执____份。

本协议书经双方代表签字并加盖单位公章后生效。

六、合同订立

1. 订立时间:____年__月__日。

2. 订立地点_____。

第一部分　通用部分

一、定义及解释

1　定义

下列名词和用语,除上下文另有要求以外,具有下列含义：

1.1　"项目"是指本协议书专用条件中指定的并为之提供咨询服务的项目。

1.2　"服务"是指工程咨询方根据本协议书所履行的服务,包括"正常的服务""附加的服务"和"额外的服务"。

1.3　"工程"是指为完成项目所实施的永久工程,包括提供给客户的设备、设施及其他物品。

1.4　"客户"是本协议书中所指的、聘用工程咨询方的一方,及其合法继承人和允许的受让人。

1.5　"工程咨询方"是本协议书中所指的、受客户聘用提供服务的一方,及其合法继承人和允许的受让人。

1.6　"一方"和"各方"是指客户和工程咨询方。"第三方"是指客户、工程咨询方以外的其他有关当事方或法人实体。

1.7　"协议书"是指由工程咨询服务协议书通用条件和专用条件,附件A(服务范围)、附件B(客户提供的职员、设备、设施和其他人员服务)、附件C(报酬和支付),中标函和正式协议书(如果已签订),以及其他双方共同签署的补充和修正文件等组成的文件。

1.8　"日"是指从任何一个午夜至下一个午夜的时间段。

1.9　"月"是指根据阳历从一个月份中任何一天开始的一个月的时间段。

1.10　"商定的补偿"是指专用条件中规定的根据协议书应支付的额外款项。

1.11　"服务产品"是在现在已知或以后开发的任何媒介中,由工程咨询方根据协议书进行的有形和无形创作。服务产品可能包括但不限于研究,调查,模型,草图,图纸,技术规定和其他类似的电子或实物材料。

2　解释

2.1　本协议书使用中文书写、解释和说明。如专用条件约定使用两种及以上语言文字时,应以中文为准。

2.2　组成本协议书的下列文件彼此应能相互解释、互为说明。除专用条件另有约定外,本协议书文件的解释顺序如下：

(1) 协议书；

(2) 中标函(适用于招标工程)或委托函(适用于非招标工程)；

(3) 专用条件及附录A、附录B、附录C和附录D；

（4）通用条件；

双方签订的补充协议与其他文件发生矛盾或歧义时，属于同一类内容的文件，应以最新签署的为准。

2.3　如果协议书中的规定之间发生矛盾或歧义时，属于同一类内容的文件，应以最新签署的为准。

二、工程咨询方的义务

3　服务范围

工程咨询方应履行与项目有关的服务。服务的范围在附件 A 中规定。

4　正常的、附加的和额外的服务

工程咨询方提供的服务包括"正常的服务""附加的服务"和"额外的服务"。

4.1　"正常服务"是指附件 A 中列出的那类服务。

4.2　"附加服务"是指附件 A 中列出的那类或通过双方的书面协议另外附加于"正常服务"的那类服务。

4.3　"额外服务"是指不属于"正常服务"和"附加服务"，但根据协议书第 28 条的规定，工程咨询方必须履行的服务。

5　认真地尽职尽责和行使职权

5.1　工程咨询方在根据本协议书履行其义务时，要认真贯彻国家有关法律、法规和政策，为国家的利益和客户的合法利益，运用合理的技能，谨慎而勤奋地工作。

5.2　根据客户与第三方签订的合同的授权或要求，行使权力或履行职责时，工程咨询方应做到：

5.2.1　根据合同进行工作。如果附件 A 中未对该权力和职责的详细规定加以说明，则这些详细规定必须是工程咨询方可以接受的。

5.2.2　在客户和第三方之间提供证明、行使决定权或处理权时，不是作为仲裁人，而是作为独立的专业人员，根据自己的专业技能和判断进行工作。

5.2.3　在变更任何第三方的义务时，对于可能对费用或质量或时间产生重大影响的任何变更，须事先得到客户的批准（发生紧急情况除外，但事后工程咨询方应尽快通知客户）。

5.2.4　如果项目所在的管辖区有需要，工程咨询方应具有履行本协议所述服务的资格，或者由具有相应资格的专业人员执行此类服务。

5.2.5　工程咨询方应让客户保持对其服务进展的了解。

6　客户的财产

任何由客户提供或支付的费用提供给工程咨询方使用的物品都是属于客户的财产。当服务完成或终止时，工程咨询方应将尚未使用的物品的库存清单提交给客户，并按客户的指示移交此类物品。此项工作应视为"附加的服务"。

三、客户的义务

7 资料

为了不耽搁服务,客户应在本协议书专用条件规定的时间内免费向工程咨询方提供他能够获取的并与服务有关的一切资料。

8 决定

为了不耽搁服务,客户应在本协议书专用条件规定的时间内就工程咨询方以书面形式提交给他的一切事宜做出书面决定。

9 协助

客户应负责工程咨询方提供咨询服务时所涉及的所有外部关系的协调,为工程咨询方履行职责提供外部条件。提供与其他组织相联系的渠道,以便工程咨询方收集需要的信息。

10 设备和设施

为了服务的需要,客户应免费向工程咨询方提供附件 B 所规定的设备和设施。

11 客户的职员

在与工程咨询方协商后,客户应按照附件 B 的规定,自费从其雇员中为工程咨询方挑选并提供职员。客户提供的职员在涉及服务时,此类职员只应接受工程咨询方的指示。

12 其他人员的服务

客户应按照附件 B 的说明,自费安排其他人员提供服务。工程咨询方应与此类服务的提供者合作,但不对此类人员或他们的行为负责。

四、职员

13 职员的派遣

工程咨询方和客户,根据协议互相派遣的工作人员,要能胜任本职工作,并互相取得对方认可。如果客户未能按规定提供职员及其他人员的服务,工程咨询方可自行安排,并作为"附加的服务"。

工程咨询方应按照附件 D 的规定派遣相关人员。

14 代表

为了执行本协议书,每一方应按本协议书专用条件规定指定一位高级职员作为本方代表。

15 职员的更换

如果有必要更换任何人员,双方同意后,由任命一方负责安排同等能力人员代替,同时承担更换费用。如果另一方提出更换,应提出书面要求,并须阐述更换理由,如提出的理由不能成立,则提出要求的一方要承担更换费用。

五、责任和保险

16 双方之间的责任

16.1 工程咨询方的责任

16.1.1 如果确认工程咨询方违反了第5.1款的规定,客户提出索赔,则工程咨询方应对由于其违约引起的或与之有关的事宜负责,并向客户赔偿。

16.1.2 工程咨询方应对其所提供的咨询成果负责,对其咨询报告中的原始数据、计算方法、工艺方法、经济评价、社会评价、环境评价的科学性和可行性负责。由于咨询报告质量低劣、数据不实、计算方法错误所导致的决策失误,工程咨询方应该承担咨询失误的责任,并向客户赔偿。

16.1.3 工程咨询方应始终维护客户的合法利益,并廉洁、忠实地提供服务。工程咨询方既不应提供、也不收受任何形式的酬劳,以试图或实际：a) 寻求影响对咨询工程师的选聘或对其补偿,和(或)影响其客户;或 b) 寻求影响咨询工程师的公正判断。工程咨询方应承担其腐败所导致的一切责任,包括经济赔偿责任和法律责任。

16.2 客户的责任

如果确认客户违反了他对工程咨询方应尽的义务,工程咨询方提出索赔,则客户应负责向工程咨询方赔偿。

17 责任的期限

双方必须在本协议书专用条件中规定的时间或法律规定的更早时间之前正式提出索赔,在规定时间之外提出索赔无效。

18 赔偿的限额和保障

18.1 赔偿的限额

18.1.1 任何一方对另一方的赔偿,仅限于因违约所造成的可合理预见的损失或损害的数额,而不牵连其他方面。

18.1.2 如果认为任何一方与第三方应共同对另一方负责赔偿,负责赔偿的任何一方所支付的赔偿额,应限于由于其违约所应负责的那一部分比例。

18.1.3 任何一方向另一方支付的赔偿的最大数额,不能超过本协议书专用条件中规定的最高赔偿数额。如果可能另外要支付的赔偿总额超过应支付的最大数额,则任何一方均应同意放弃对另一方超过部分的索赔。

18.2 保障

18.2.1 一方提出索赔要求不能成立时,要完全补偿对方因该索赔要求所导致的各种费用支出。

18.2.2 如果适用的法律允许,则客户应保障咨询工程师免受一切索赔所造成的不

利影响,包括由本协议书引起的或与之有关的第三方提出的此类索赔:

(1) 除非此类索赔被包括在根据第19条规定所办理的保险中;

(2) 此类索赔在第17条提及的责任期终止后提出。

18.3 例外

第18.1款和18.2款不适用于由下列情况引起的索赔:

(1) 故意违约或粗心引起的索赔;

(2) 与履行合同义务无关的事宜。

19 对责任的保险

工程咨询方需购买以下保险:

19.1 对16.1条工程咨询方的责任进行保险并追加保险额;

19.2 对公共或第三方的责任进行保险并追加保险额;

19.3 进行其他各项保险。

工程咨询方应做出一切合理的努力,在客户可接受的条件下,由承保人办理此类保险或追加保险额。上述各项保险的费用或追加保险额应由客户负担。

工程咨询方应在合同签订后两周内通知客户支付合同期间所投的相关保险的费用并附上凭据。如缺少凭据,客户有权以此为正当理由终止合同。

20 客户财产的保险

除非客户另有书面要求,工程咨询方应尽一切合理的努力,按客户可接受的条件对下列各项进行保险:

20.1 根据第6条提供或支付的客户财产的损失或损害;

20.2 由于使用该财产而引起的责任。

此类保险的费用应由客户负担。

六、协议书的开始、完成、变更与终止

21 协议书生效

从工程咨询方收到客户对其建议书发出中标函之日或完成正式协议书所需的最后签字之日(如有时),协议书生效时间以日期较晚者为准。

22 开始和完成

在本协议书专用条件所规定的时间或期限内,服务必须开始和完成,但根据协议书延期的例外。

23 变更

当任何一方提出申请并经各方书面同意时,可对本协议书进行更改。

24 进一步的建议书

如客户书面要求,工程咨询方应提交变更服务的建议书,此类建议书的编制和提交应为一项"附加的服务"。

25 延误

如果客户或其承包商使服务受到障碍或延误导致服务工作量的增加或工作时间的延长,则：

25.1 工程咨询方应将此情况与可能产生的影响通知客户；

25.2 此增加部分应被视为"附加的服务"；

25.3 完成服务的时间应相应地予以延长。

26 情况的改变

如果出现按照本协议书工程咨询方不应负责的情况,以及使工程咨询方无法负责或不能履行全部或部分服务时,工程咨询方应立即通知客户。

在此情况下如果不得已暂停某些服务时,则该类服务的完成期限应予延长,直至此种情况消失。还应加上不超过42天的一个合理期限用于恢复服务。

如果履行某些服务的速度不得已减慢,则该类服务的完成期限由于此种情况的发生可能必须给予延长。

27 撤销、暂停或终止

27.1 客户的通知

27.1.1 客户至少在56天前通知工程咨询方全部或部分暂停服务或终止本协议书。工程咨询方应立即安排停止服务,将开支减至最小。

27.1.2 如果客户认为工程咨询方无正当理由而未履行其义务时,他可通知工程咨询方,说明发出该通知的原委。若客户在21天内没有收到满意的答复,他可在第一个通知发出35天内进一步发出书面通知终止本协议书。

27.2 工程咨询方的通知

在下述情况下,工程咨询方向客户发出通知至少14天后,他才可以发出进一步的通知。在进一步的通知发出至少42天后,他才能终止本协议书,或在不损害其终止权利的情况下,可以自行暂停或继续暂停履行全部或部分的服务。

27.2.1 当过了支付单据应予支付的日期30天后,工程咨询方仍未收到其提出书面异议的那一部分款项时；

27.2.2 当根据第26条或第27.1款已暂停服务并且暂停期限已超过182天时。

27.3 发生争执时,合同双方无权终止他们履行合同的义务。咨询工程师无权停止计划服务或扣留服务内容或相关文件,除非按照合同规定或法律条文他有扣留权。

28 额外的服务

当第26条所述情况发生时,或撤销或暂停或恢复服务时,或并非根据第27.1.2款终止本协议书时,除"正常的服务"或"附加的服务"之外,工程咨询方需做的任何工作或支出的费用应被视为"额外的服务"。

工程咨询方有权得到为履行"额外的服务"所需的额外的时间和费用。

29　各方的权利和责任

本协议书的终止不应损害或影响各方应有的权利或索赔以及责任。

七、支付

30　对工程咨询方的支付

30.1　客户应按合同条件和附件中规定的细则向工程咨询方支付"正常的服务"报酬,并且按照附件规定的费率和价格或者基于此费率和价格支付"附加的服务"报酬,如果此费率和价格适用的话。否则按照第23条商定的费率和价格。

30.2　除非另有书面协定,客户应就有关"额外的服务"向工程咨询方支付:

30.2.1　工程咨询方的职员在履行服务中所花费额外的时间用于"额外的服务"的报酬;

30.2.2　由工程咨询方所花费的一切其他额外开支的净成本。

31　支付的时间

31.1　给付工程咨询方的到期款项应迅速支付。

31.2　如果在专用条件规定的时间内工程咨询方没有收到付款时,则应按照专用条件规定的利率向其支付商定的补偿,每月将该补偿加到过期未付的金额中,该补偿以过期未付金额的货币从发票注明的应支付之日开始计算。

该商定的补偿不应影响第27.2款规定的工程咨询方的权利。

32　支付的货币

支付报酬所采用的货币币种、汇率由本协议书专用条件约定。

33　有争议的发票

如果客户对工程咨询方提交的支付通知单中的报酬或部分报酬项目提出异议,应当在收到支付通知单24小时内向工程咨询方发出异议的通知,但客户不得拖延其他无异议报酬项目的支付。第31.2款的规定适用于最终支付给工程咨询方的一切有争议的金额。

34　独立的审计

咨询工程师应保存能清楚证明有关时间和费用的最新记录。

除了协议书规定固定总价支付外,在完成或终止服务后12个月内,客户可在发出通知后不少于7天要求由他指定一家有声誉的会计师事务所对咨询工程师申报的任何金额进行审计。该审计应在正常工作时间于保存记录的办公室内进行。

八、一般规定

35　语言和法律

本协议书的语言及遵循的法律见协议书专用条件的规定。

36 立法的变动

在签订本协议后,因提供服务所在地(非本协议书专用条件中指明的工程咨询方的业务总部所在地)的法律法规条款发生变动而引起服务费用或服务期限的改变,则应相应地调整商定的报酬和完成时间。

37 转委托合同

37.1 除支付款项的转让外,没有客户的书面同意,工程咨询方不得转让本协议书涉及到的利益。

37.2 没有对方的同意,无论客户或工程咨询方均不得转让本协议书规定的义务。即使在客户同意工程咨询方把某些任务交给第三方来完成,工程咨询方仍然是唯一责任方。

37.3 没有客户的书面同意,工程咨询方不得开始实施、更改或终止履行全部或部分服务的任何转委托合同。

38 利益的冲突

除客户另外书面同意,工程咨询方的职员不应获得也不应接受协议书规定以外的与项目有关的利益和报酬。

工程咨询方不得参与可能与协议书中规定的客户的利益相冲突的任何活动。

39 通知

本协议书的有关通知应为书面的、并从在协议书中写明的地点收到时生效。通知可由人员递送,或传真通信,但要有书面回执确认;或通过挂号信或电传,但随后要用信函确认。

九、版权和许可

40 版权

40.1 工程咨询方和客户保证,在提供服务产品或任何其他信息以用于工程项目时,提供方是此类信息的版权所有者,或获得版权所有者传播此类信息的许可。任何第三方如果提出侵权指控,信息提供方须与第三方交涉并承担由此而引起的一切法律责任和费用。

40.2 工程咨询方及其转委托服务方应被视为其各自服务产品的作者和所有者,并拥有各项法定权利,包括版权。为满足官方监管要求或与项目相关的相似目的而提交或分发服务产品并不减少工程咨询方保留权利。

40.3 执行本协议后,如果客户履行其义务,根据本协议及时支付所有款项,则工程咨询方授予客户使用其服务产品用于设计、建造、使用、维护、更改和添加项目的非独占许可。根据本条授予的许可,客户可以授权客户的其他咨询工程师和承包商仅仅为了设计、建造、使用、维护、更改和添加项目而复制服务产品的适用部分。如果工程咨询方按照第 27.2 款的规定正当地终止本协议,则是本部分授予的许可终止。

40.4 除第 40 款规定的许可外,本协议未规定或暗示其他任何授权或权利。未经工程咨询方书面同意,客户不得将本协议授予的任何许可分配、委托、再许可、质押或转让给第三方。任何未经授权而对服务产品的使用,均由客户自行承担风险,工程咨询方无须负责。

41 出版

除非本协议书专用条件中另有规定,工程咨询方可单独或与他人合作出版有关工程和服务的书籍。但如果在服务完成或终止后两年内出版,则须取得客户批准。

十、争议解决

42 协商

双方应本着诚实信用的原则协商解决本协议履行过程中发生的争议。

43 调解

如果双方不能在 14 日内或双方商定的其他时间内解决本协议争议,可以将其提交给专用条件约定的或事后达成协议的调解人进行调解。

44 仲裁或诉讼

双方均有权不经调解直接向专用条件约定的仲裁机构申请仲裁或向有管辖权的人民法院提起诉讼。

第二部分　专用条件

1.1 项目是：

7　资料

为了不耽搁服务，客户应在　　天内免费向工程咨询方提供他能够获取的并与服务有关的资料，包括：_____。

8　决定

为了不耽搁服务，客户应在　　天内就工程咨询方以书面形式提交给他的事宜做出书面决定。

14　代表

客户方的代表为_____；工程咨询方的代表为_____。

17　责任的期限

本协议书生效日期为责任起始日期。责任终止日期根据适当法律或法规决定，本项目应不迟于服务完成或终止日期；(对工程设计和工程监理等咨询服务，应增加一句：但对影响工程质量的服务内容的责任期限应延长至有关部门规定的工程寿命期。)每次提出索赔的一方应在对方违约事件发生后 14 日内向对方发出索赔意向通知，在 28 日内提出详细索赔依据和具体要求。

18.1　赔偿的限额：协议书任何一方向另一方支付赔偿的最大数额应限为为完成正常的服务(或其中规定部分)，客户付给工程咨询方的最高费用，或不超过_____万元。对双方履约延误规定有按日赔偿率，以及双方支付或赔偿延误规定有按日付利息的，其赔偿总额均不得超过以上赔偿限额。工程咨询方履约延误执行按日赔偿率赔偿的，不再因延误而偿付其他赔偿或补偿。

22　服务开始日期(可选用以下条款方案)

(1) 在协议书生效后_____天内，或_____。

(2) 在工程咨询方收到协议书规定的第一次付款后_____天内；或_____。

(3) 在工程咨询方的银行确认已根据协议开出不可撤销的信用证后_____天内。

服务完成日期：(对于投资前或工程实施前的各类咨询服务，或只提供咨询报告、建议书等的服务，可规定：)自服务开始日期起_____月(或_____日)内完成。(对于履行为完成某项工程(合同管理)或某一预定任务所需的服务，可规定：)自服务开始日起至负责的工程或任务预定完成日期_____为止。

31　支付的时间

当地货币在客户收到工程咨询方支付通知单 28 天内，外币(如有时)在客户收到工程咨询方支付通知单 56 天内。

32　协议书规定的货币：_____

支付的货币

对协议书货币的汇率

35. 协议书的语言和法律

语言_____。

主导语言_____。

遵循的法律_____。

（此处可增加税赋条款）

36　工程咨询方业务总部所在地

43　调解

本合同争议进行调解时，可提交进行调解。

44　仲裁或诉讼

合同争议的最终解决方式为下列第_____种方式：

（1）提请仲裁委员会进行仲裁。

（2）向人民法院

附件 1：服务范围

（全过程工程咨询服务范围参照技术标准，签约双方可根据实际情况协商确定本协议书委托的服务范围）

附件 2：客户为工程咨询方提供的职员、设施和其他人员的服务

一、客户提供的设备设施（按实际需要，双方协商选填表 1）

表 1　设备设施表

名称	数量	型号与规格	提供时间 年　月　日
一、交通工具 1. 2.			
二、邮电通讯设备与设施 1. 2.			
三、办公设备 1. 2.			

(续表)

名称	数量	型号与规格	提供时间
			年　月　日
四、机电设备 1. 2.			
五、 1. 2.			
六、 1. 2.			
七、 1. 2.			

二、客户提供的建筑物、构筑物和公共设施（按实际需要，双方协商选填表2）

表2　建（构）筑物、公共设施表

名称	数量	面积	提供时间
			年　月　日
一、住宅			
二、办公室			
三、交通道路			
四、仓储设施			
五、公共设施			

三、客户提供的人员和其他人员服务（按实际需要，双方协商选填表3）

表3　其他人员服务表

名称	数量	要求	提供时间
			年　月　日
一、翻译人员			
二、联系人员			

(续表)

名称	数量	要求	提供时间 年　月　日
三、服务人员			

附件3：报酬和支付

一、报酬计取

1. 客户同意，按以下方法计算支付工程咨询方的酬金。

根据委托咨询服务的内容不同，可分别选用下列条款。

（1）对委托的＿＿＿＿＿＿（列出委托服务内容），按建设项目估算投资额分档收费标准或按工程咨询人员工日费用标准计算酬金（此类计费方法适用于完整的项目建议书、可行性研究报告的编制和评估咨询）。合计酬金总额为＿＿＿＿＿＿元。

（2）对委托的＿＿＿＿＿＿（列出委托服务内容），按照工程概算投资费率标准计算酬金（此类计费方法适用于工程设计、工程监理服务），合计酬金总额为＿＿＿＿＿＿元。

（3）对委托的＿＿＿＿＿＿（列出委托服务内容），按照勘察工作量费率计算酬金（此类计费方法适用于工程勘察服务），合计酬金总额为＿＿＿＿＿＿元。

（4）对委托的＿＿＿＿＿＿（列出委托服务内容），按照工程咨询人员工日收费标准计算酬金（适用于其他各类咨询服务），合计酬金总额＿＿＿＿＿＿元。

（5）对委托的＿＿＿＿＿＿（列出委托服务内容），按照双方协议酬金总额付费（适用于没有收费标准的各类咨询服务），合计总额为＿＿＿＿＿＿元。

（6）对全过程工程咨询服务的统筹，按照双方协议酬金总额付费，合计总额为＿＿＿＿＿＿元。

（7）客户与工程咨询方双方同意，按照工程咨询人员工日收费标准计算附加服务酬金和额外服务酬金。分别为＿＿＿＿＿＿元和＿＿＿＿＿＿元。

2. 除上述酬金外，客户应补偿工程咨询方发生的合理开支（指工程咨询方为服务的目的，向第三方支付的直接净开支。如人员运送费、行李费、通信费、印刷、复印费等），双方协商按实际结算，预计为＿＿＿＿＿＿元。以上报酬总额（酬金加开支）合计为＿＿＿＿＿＿元。

3. 双方同意，客户付给工程咨询方的报酬中＿＿＿＿＿＿%支付＿＿＿＿＿＿（外币名称）；

_____％支付当地货币(非涉外咨询项目可删除此条款)。

4. 按工日收费标准计费的报酬,每年1月1日按当时物价指数变动进行必要调整,外币按汇率变动进行调整。

二、支付方式

5. 本协议书生效之日起15天内,客户支付给工程咨询方酬金总额的％预付款;(国际咨询项目分列外币:_____,当地货币_____。)在以后分期付款中逐步扣回,直到扣完为止。(涉外项目如客户要求,可增加下列备用条款:预付款拨付前,工程咨询方应在客户认可的银行开具一定金额的偿还保函)

6. 履约期间的报酬,按月(或按几个阶段)支付,由工程咨询方提出上月(或阶段)支付通知单、费用说明及必要的证明材料复印件,酬金和应补偿开支应分列,报送客户审核并支付。末次支付可按本协议书第12条规定,暂扣_____％以下尾款,在咨询成果验收合格后支付。

7. 不管哪个月(或阶段)发生的附加服务或额外服务,都要随着该月(或阶段)的服务酬金一并支付。

8. 在协议书终止或撤销的情况下,根据本协议书第29款的规定,虽未到支付报酬的日期,工程咨询方有权得到已完成的服务的付款。

9. 报酬支付方法。客户按本附件规定,将应付报酬由银行划拨给工程咨询方(或开具保兑信用证,这时,如是国际贷款机构资助项目还应规定:_____但应取得国际贷款机构的支付承诺),工程咨询方在收到后3日内将收据转给客户。

附件4:工程咨询方派遣的人员与岗位

序号	姓名	性别	年龄	职称	学历	专业	岗位	派遣时间
1								
2								
3								
4								
…								

(如果有)工程咨询方的组织架构为:_____。

参 考 文 献

[1] 魏永幸.工程咨询企业技术创新:创新体系、创新模式与评价指标[M].北京:科学出版社,2019.

[2] 中国建设监理协会,天津理工大学,一砖一瓦科技有限公司.全过程工程咨询典型案例解析[M].北京:中国建筑工业出版社,2020.

[3] 尹贻林."新基建"新工程咨询服务导论:模式与案例[M].北京:中国建筑工业出版社,2020.

[4] 中国建设工程造价管理协会.全过程工程咨询典型案例[M].北京:中国计划出版社,2018.

[5] 胡勇,郭建森,刘志伟.全过程工程咨询理论与实施指南[M].北京:中国电力出版社,2019.

[6] 中国工程咨询协会.设计采购施工(EPC)/交钥匙工程合同条件[M].北京:机械工业出版社,2002.

[7] 吴玉珊,韩江涛,龙奋杰,等.建设项目全过程工程咨询理论与实务[M].北京:中国建筑工业出版社,2018.

[8] 季更新.全过程工程咨询工作指南[M].北京:中国建筑工业出版社,2020.

[9] 陈金海,陈曼文,杨远哲,等.建设项目全过程工程咨询理论与实务[M].北京:中国建筑工业出版社,2018.

[10] 王宏海.全过程工程咨询与建筑师负责制侧论[M].北京:中国建筑工业出版社,2019.

[11] 江西省江咨工程咨询有限公司.全过程工程咨询服务指南[M].北京:中国建筑工业出版社,2020.

[12] 上海同济工程咨询有限公司.全过程工程咨询实践指南[M].北京:中国建筑工业出版社,2018.

[13] 严鸿华.创新 融合 发展:建设工程咨询行业研究成果选编[M].上海:同济大学出版社,2017.

[14] 北京国金管理咨询有限公司,皮德江.全过程工程咨询内容解读和项目实践[M].北京:中国建筑工业出版社,2019.

[15] 杨为东.全过程工程咨询实践指南[M].北京:中国建筑工业出版社,2019.

[16] 宋蕊.政府和社会资本合作(PPP)项目绩效评价实施指南[M].北京:中国电力出版社,2019.

[17] 宋蕊,郭建淼,胡勇.工程总承包管理理论与实务[M].北京:中国电力出版社,2020.

[18] 夏冰.勘察设计企业全过程工程咨询管理指南[M].上海:同济大学出版社,2019.

[19] 陆惠民,苏振民,王延树,等.工程项目管理[M].南京:东南大学出版社,2015.

[20] 廖奇云,陶燕瑜.超高层建筑项目管理研究[M].3版.重庆:重庆大学出版社,2015.

[21] 马仁杰,王荣科,左雪梅,等.管理学原理[M].北京:人民邮电出版社,2013.

[22] 龚花强,苟晨.基于全过程工程咨询的转型升级发展策略[J].建筑,2018(17):35-37.

[23] 金龙.全过程工程咨询服务模式的探索[J].上海建设科技,2018(3):115-117.

[24] 丰琳琅,陶升健,胡新赞.全过程工程咨询在PPP项目的应用研究[J].中国工程咨询,2018(6):24-27.

[25] 周建文,单永体.大型工程项目管理理论方法研究[J].山西建筑,2012,38(20):269-270.

[26] 康香萍,郭红英.国内外常用工程项目管理模式综述[J].中外公路,2010,30(2):242-247.

[27] 张素姣.工程项目管理模式的特征分析与选择[J].中国工程咨询,2010(3):38-40.

[28] 《中国公路学报》编辑部.中国交通工程学术研究综述·2016[J].中国公路学报,2016,29(6):1-161.

[29] 王翔.工程造价咨询企业开展PPP项目咨询业务流程再造研究[D].天津:天津理工大学,2017.

[30] 曹洋.基于建筑伦理的中国建筑设计协作机制优化研究[D].天津:天津大学,2016.

[31] 田立平.全过程工程咨询组织管理研究[D].哈尔滨:哈尔滨工业大学,2019.

[32] 毕星.基于项目管理理论的工程项目成本管理系统研究[D].天津:天津大学,2007.

[33] 刘欣欣.建设工程项目全过程造价管理的应用研究[D].河北工程大学,2011.

[34] 赛云秀.工程项目控制与协调机理研究[D].西安:西安建筑科技大学,2005.

[35] 闵卫国.FIDIC合同条件适用性问题比较研究[D].武汉:武汉大学,2013.

[36] 吴洪涛.我国政府采购领域信任问题研究[D].苏州:苏州大学,2013.

[37] 张莹.我国招标投标的理论与实践研究[D].杭州:浙江大学,2002.

[38] 金侠杰.大型集群式化工工程项目的全过程集成管理研究[D].上海:上海大学,2013.

[39] 安建民.大型建筑施工企业多项目管理研究[D].武汉:武汉理工大学,2012.

[40] 郭涛.我国建设监理执业行为及行业委托代理机制的优化研究[D].西安:西安建筑科技大学,2013.